AF317319

FACULTÉ DE DROIT DE PARIS

DROIT ROMAIN

DE LA CONDICTIO INDEBITI

DROIT CIVIL

DES RENTES VIAGÈRES

CONSTITUÉES SUR PLUSIEURS TÊTES

THÈSE POUR LE DOCTORAT

PAR

Maurice DESRIBES

LAURÉAT DU CONCOURS GÉNÉRAL (1re Mention, Concours de 1887)
LAURÉAT DE LA FACULTÉ DE PARIS (1re Mention, Droit administratif
Concours de licence 1887)
RECEVEUR DE L'ENREGISTREMENT ET DES DOMAINES

PARIS

LIBRAIRIE
DU RECUEIL GÉNÉRAL DES LOIS ET DES ARRÊTS
ET DU JOURNAL DU PALAIS

L. LAROSE & FORCEL, ÉDITEURS
22, RUE SOUFFLOT, 22

1892

THÈSE

POUR LE DOCTORAT

IMPRIMERIE
CONTANT-LAGUERRE
LVX VITAM
BAR-LE-DUC

FACULTÉ DE DROIT DE PARIS

DROIT ROMAIN

DE LA CONDICTIO INDEBITI

DROIT CIVIL

DES RENTES VIAGÈRES

CONSTITUÉES SUR PLUSIEURS TÊTES

THÈSE POUR LE DOCTORAT

Présentée et soutenue le Jeudi 21 Janvier 1892, à une heure

PAR

Maurice DÉSRIBES

LAURÉAT DU CONCOURS GÉNÉRAL (1ʳᵃ Mention, Concours de 1887)
LAURÉAT DE LA FACULTÉ DE PARIS (1ʳᵉ Mention, Droit administratif
Concours de licence 1887)
RECEVEUR DE L'ENREGISTREMENT ET DES DOMAINES

PRÉSIDENT : M. CH. LYON-CAEN

SUFFRAGANTS { MM. BEUDANT   } PROFESSEURS
           { LÉON MICHEL }
           { GIRARD   } AGRÉGÉ

PARIS

LIBRAIRIE
DU RECUEIL GÉNÉRAL DES LOIS ET DES ARRÊTS
ET DU JOURNAL DU PALAIS

L. LAROSE & FORCEL, ÉDITEURS
22, RUE SOUFFLOT, 22

1892

La Faculté n'entend donner aucune appro-
bation ni improbation aux opinions émises dans
les thèses; ces opinions doivent être considérées
comme propres à leurs auteurs.

A MA MÈRE

—

A MES AMIS

DROIT ROMAIN

DE LA CONDICTIO INDEBITI

DROIT ROMAIN.

DE LA CONDICTIO INDEBITI.

INTRODUCTION.

Dans toute question de droit, l'interprète doit tout d'abord
dégager les principes généraux uniquement dictés par la raison,
les lois générales antérieures aux lois positives; puis examiner
les dispositions particulières, introduites par le génie spécial de
la race, l'influence des institutions politiques et des lois de
procédure. C'est la voie que nous suivrons au cours de cette
étude : « *ut non difficile sit, qui paulummodo ingenio possit
moveri; quæcumque nova causa consultatione acciderit, ejus te-
nere jus, quum sciat a quo sit capite repetendum* » (Cicéron, *De
legibus*, II, 18); de telle sorte qu'un lecteur, ayant tant soit peu
de ressort dans l'esprit, s'il rencontre quelque question nouvelle,
en pourra aisément trouver la solution, sachant à quel principe
il doit la rattacher.

Dans le sujet spécial que nous allons aborder, nous nous
attacherons surtout aux principes, sans avoir la prétention de
parcourir l'infinité des questions qui s'y rattachent de près ou
de loin.

M. D.   1

Cette synthèse est d'autant plus difficile et délicate que les éléments du droit romain, même dans l'expression dernière de la jurisprudence, sont fort disparates. Le droit condensé dans le Digeste et le Code est la résultante de dix siècles de travaux juridiques et législatifs. Sous Justinien, la loi des XII Tables, promulguée en l'an 301 et 302 de Rome, forme encore la base du droit romain « *fons omnis publici privatique juris* » (Tite-Live, III, 34).

L'Empereur romain ne s'est pas assimilé les travaux antérieurs pour créer une œuvre qui lui soit entièrement personnelle : dans la plupart des cas, il s'est borné à rapporter des décisions anciennes et les textes cités ne sont pas uniquement des interprétations, des sources ; mais la matière et l'essence du droit nouveau.

Ce procédé de législation a le grand inconvénient d'imposer au jurisconsulte une énorme érudition, une connaissance approfondie des anciens textes et des époques juridiques. Tout problème de droit romain dure 1200 ans, ce n'est pas précisément : *simplicitas et brevitas legum*.

Nul ne doit s'enrichir injustement aux dépens d'autrui, c'est un principe de notre raison, une notion innée qui domine toute législation. Les jurisconsultes romains ne l'ont certainement pas méconnu : « *Nam hoc natura æquum est, neminem cum alterius detrimento fieri locupletiorem* » (L. 14, livre 12, t. 6), dit Pomponius (L. 206, livre 17). Mais cette règle est trop générale et trop vague ; elle ne prend de vie et de réalité que par sa liaison intime avec des prémisses très concrètes.

Après avoir dit que nul ne doit s'enrichir injustement aux dépens d'autrui, il reste à déterminer : dans quel cas l'enrichissement est conforme ; dans quel cas il est contraire aux règles de l'équité.

Je vous ai acheté des denrées pour un prix inférieur à leur

valeur réelle. Je me suis certainement enrichi à vos dépens. Peut-on dire *à priori* que cet enrichissement est injuste? Certainement non; ce serait exclure la possibilité du gain et de la perte, qui est l'essence même des transactions commerciales.

Mais il peut se présenter telles circonstances, telles manœuvres frauduleuses, telle erreur qui changent entièrement le caractère du contrat. Alors seulement commence l'œuvre du jurisconsulte et, dans cette tâche, la maxime que nous venons de citer ne lui est pas d'un grand secours.

Le quasi-contrat des Romains est beaucoup plus large que le nôtre, car il comprend cette classe nombreuse d'obligations qui ont, dans nos idées modernes, la loi pour origine. La volonté de l'homme n'est pas essentielle à sa formation. Les textes qui nous sont parvenus, nous donnent un certain nombre d'exemples de quasi-contrats et parmi les cinq que nous indiquent les Instituts de Justinien, nous pouvons citer : la *negotiorum gestio*, l'indivision et le paiement de l'indû. C'est à l'étude de ce dernier que nous allons nous attacher exclusivement. Avant d'aller plus loin, il n'est pas inutile de faire remarquer combien est impropre l'expression si souvent employée de « paiement de l'indû, » pour qualifier ce dernier quasi-contrat. Tout paiement suppose une dette préexistante. Cependant, comme cette phraséologie est universellement employée et qu'en définitive elle peint les choses dans leur apparence, nos réserves une fois faites, nous n'hésiterons pas à nous en servir désormais.

La volonté est l'élément essentiel de tout contrat et l'existence de cette volonté est difficilement compatible avec la violence et l'erreur. Si le phénomène psychologique subsiste toujours pour un philosophe, au point de vue plus restreint du jurisconsulte, au point de vue de la raison et de l'équité, il ne doit produire aucun effet.

Ainsi, je crois être votre débiteur de 100, en vertu d'une stipulation, ou de toute autre cause, et je vous paie cent ou je vous livre l'esclave Stichus pour me libérer. Or, cette dette n'a jamais existé : l'*accipiens* s'est donc enrichi à mes dépens et cet enrichissement est *injustum*, puisqu'il a pour cause l'extinction d'une dette qui n'existait pas.

Prenons une autre hypothèse. Je suis votre débiteur de cent, en vertu d'une stipulation dont l'effet peut être paralysé par une exception. Ainsi je vous ai promis verbis *centum aureos*, que vous devez me prêter. La numération des deniers n'a jamais eu lieu et je suis protégé contre l'action *ex stipulatu* par l'*exceptio non numeratæ pecuniæ*. Je le sais et, malgré cela, je vous livre les *centum aureos* promis. Puis-je répéter et prétendre que la tradition est sans cause puisque la dette était paralysée par une exception? Certainement non. Il serait étrange de supposer que j'ai voulu sérieusement acquitter une dette qui, en fait, n'existait pas, uniquement pour éviter d'être touché par une action qu'il m'était si facile d'anéantir ; il faut chercher ailleurs l'élément dominant de ma volonté : dans un *animus donandi* qui suffit pour étayer une aliénation de deniers.

En rapprochant ces deux hypothèses, nous trouvons tous les éléments du quasi-contrat du paiement de l'indû :

1° Une prestation accomplie dans le but d'éteindre une dette. 2° L'inexistence de la dette qu'elle a eue en vue. 3° L'erreur du *solvens*.

Reprenons l'espèce précédente. Je crois être votre débiteur de 100, et je veux me libérer de cette dette. Deux moyens me sont offerts : 1° une promesse *novandi causa*. 2° La tradition des cent.

1° *Novation.* — Ce mot novation éveille, tout d'abord, l'idée de quelque chose qui se transforme et se renouvelle.

Éteindre une obligation antérieure et à la place en créer une nouvelle, voilà donc le but et le résultat de la novation. Par suite, si l'obligation antérieure n'existe pas, il paraîtrait essentiellement raisonnable de décider que la novation ne s'est pas produite faute d'objet. Les Romains ont cependant admis une solution contraire. Pourquoi? Parce que la stipulation, qui est l'instrument de la novation, est un acte parfait en lui-même et dont la validité n'est nullement subordonnée à ce que nous appelons dans nos législations modernes : une cause. La prononciation des paroles solennelles : voilà la cause, il ne faut rien de plus. D'où il résulte que si j'ai promis *id quod debetur*, la stipulation est nulle faute d'objet; mais si j'ai promis *centum quæ debentur*, l'obligation se forme comme si la stipulation portait simplement *centum*. Cette logique était trop rigoureuse, trop contraire à l'équité, pour ne pas recevoir certains tempéraments et, selon le procédé familier aux jurisconsultes romains, on a respecté les anciens principes, mais on en a paralysé l'effet. Si donc le stipulant m'actionne, je lui opposerai une *exceptio doli*. Bien plus, moi-même promettant, je puis prendre l'offensive et, au moyen de la *condictio indebiti*, exiger ma libération (Inst., § 1, *De exceptionibus*, 18, 13. — L. 31, 12-6; L. 13, 46-2).

La novation a eu lieu par changement de débiteurs. J'ai donné mandat à mon débiteur de promettre cent à mon *falsus creditor* et à celui-ci de les stipuler, et le mandat a été exécuté par voie de stipulation.

La question est la même que précédemment : *solvit enim qui reum delegat*, par conséquent, j'aurai la *condictio indebiti* contre le *falsus creditor*, à l'effet d'être indemnisé de la perte de ma créance sur le délégué (L. 8, § 3, 16-1; L. 1, § 11, 44-5). On peut encore supposer que le mandataire ne devait rien lui-même au mandant. Dans ce cas, le mandataire aura une

action ou une exception contre le *falsus creditor* (L. 2, § 4,
39-5; L. 7, § 1, 44-4).

Tout à l'heure, en déterminant ce qu'on entend par *indebitum*,
nous étudierons certains effets de la novation. Mais alors, notre
rapport de droit aura un élément nouveau : la partie qui prétend répéter aura accompli une prestation matérielle.

La novation, considérée comme mode d'extinction des obligations, est une pure abstraction juridique. Ce que les créanciers veulent avant tout : ce sont des prestations en nature; la
novation est un moyen, mais non pas une fin.

A ce point de vue un peu trop objectif, on peut dire que la
prestation de la chose due est le seul mode d'extinction des obligations; dans tous les cas, elle en est certainement le plus fré-
quent.

2° *Exécution d'un fait matériel.* — Le *falsus debitor* a fait
tradition des cent et cette tradition est translative de propriété.
L'*accipiens* doit restituer, qu'il ait été ou non de bonne foi. Telle
est la solution que commande l'équité.

Mais l'équité n'est qu'une source du droit; ce n'est pas un
fondement juridique; en droit romain surtout, où le formalisme
a une si grande part. Aussi un grand jurisconsulte, Doneau,
a-t-il supposé que l'obligation de l'*accipiens* résultait d'un pacte
tacite de restitution en prévision de l'inexistence de la dette et
analogue au pacte qui est inhérent à la donation pour cause de
mort et à la constitution de dot faite avant le mariage.

Nous n'admettons pas l'hypothèse, car elle se confond entièrement avec la considération d'équité, les conventions tacites
n'étant que l'expression juridique de ces principes d'équité, et
nous allons essayer de découvrir le fondement juridique de
notre *condictio*, en étudiant le développement des *condictiones*
dans la législation romaine.

Origine des condictiones. — M. de Savigny, dans une synthèse savante sur les *condictiones*, leur assigne une origine commune : le prêt, la *mutui datio*. L'antique *nexum*, les contrats *re, verbis, litteris* ne seraient que des simplifications, des dégradations successives du contrat primitif. Nous allons essayer de résumer cette théorie, malgré les objections qui la font généralement rejeter et, pour cela, il est essentiel de donner quelques notions historiques.

L'expression *condictio* apparaît pour la première fois dans la terminologie juridique, lors du vote de la loi *Silia* (an 510 de Rome), qui sous le nom de *legis actio per condictionem* introduisit une nouvelle forme de poursuivre en justice l'exécution de toute obligation ayant pour objet une *certa pecunia*. La formalité essentielle de cette *legis actio* consistait en une *denuntiatio* (G. 4, 18), par laquelle le demandeur appelait son adversaire à comparaître dans les 30 jours devant le magistrat, pour recevoir un juge.

Bientôt après, la loi *Calpurnia* (an 520) étendit le bénéfice de la nouvelle action à tous les cas où l'on réclamait une *res certa* (G. 4, 19).

Elle passe, après la loi *Æbutia*, dans le système formulaire, en conservant le nom de *condictio* dépourvu désormais de sa signification primitive (*non proprie* dit Gaius) et vraisemblablement avec son champ d'application assez étroit. Mais, à l'époque classique, sa portée est bien autrement étendue, non seulement au point de vue des rapports de droit qu'elle sanctionne (quasi-contrats), mais, même au point de vue de l'objet qu'elle peut poursuivre (*condictiones incerti*).

A quelle nécessité répondait l'innovation de la loi *Silia?* Gaius lui-même ne semble pas pouvoir répondre à la question.

D'après M. de Savigny, la *condictio* a été introduite uniquement pour sanctionner le prêt d'argent, pour protéger d'une façon exceptionnelle le *creditum,* c'est-à-dire l'acte de confiance du prêteur qui transmet sa propriété à l'emprunteur. Elle vient remplacer la revendication perdue. Et puis, successivement, par un lent travail d'assimilation, elle embrasse les cas suivants : lorsque celui à qui la possession a été confiée s'enrichit, en s'attribuant de son chef la propriété, *mutatâ causâ possessionis* (L. 13, § 1 ; 16, 3) ; lorsque le propriétaire transmet sa propriété, sous l'influence de l'erreur (L. 5, § 3 ; 44, 7) ; lorsque quelqu'un s'enrichit aux dépens d'autrui sans motif et par une cause accidentelle (L. 23, § 12 ; 15, 1). Toutes ces hypothèses, ayant pour caractère commun avec le *mutuum* l'existence d'un *datum* réel ou fictif.

Par analogie, la *condictio* est étendue aux obligations naissant de la *stipulatio*, de l'*expensilatio* (Arg. de la L. 1 ; 33, 1), du legs *per damnationem* (L. 9, § 1 ; 12, 1).

C'est qu'en effet, les deux premiers contrats servent à produire artificiellement les effets naturels du prêt ; que tous deux s'analysent en un prêt fictif. Quant au legs, l'héritier est considéré comme lié par une *nexi obligatio*, et cela d'autant mieux que l'*æs* et *libra* étaient l'une des formes les plus usitées du testament primitif.

Ce système sent un peu trop l'artifice. Il repose sur les hypothèses contestables de l'existence d'un contrat primitif unique et de l'antériorité de la *condictio ex mutuo* à la *condictio ex stipulatu* et attribue en outre au droit romain une marche trop systématique. Il faut rompre un peu cette belle unité et admettre à toutes les époques du droit romain la coexistence de plusieurs formes de contrat, car aucun texte ne laisse soupçonner que le *nexum* ait jamais été d'une application générale et obligatoire (Gaius, III, p. 173 ; Varron, *De linguâ latinâ*, VII, 105 ; Festus, v° *Nexum et nuncupatio*).

Quoi qu'il en soit, si le *mutuum* n'est pas la source de toutes les *condictiones*, il a certainement créé la *condictio indebiti*.

Dans l'un et l'autre cas, nous trouvons une prestation comme élément obligatoire. Par le seul fait du déplacement de valeurs, le contrat de *mutuum* est formé, sans qu'il soit besoin d'autres solennités; *à fortiori*, il doit en être de même, lorsque ce déplacement de valeurs est le résultat d'une erreur du *tradens*.

CONDITIONS D'EXISTENCE

DE LA *CONDICTIO INDEBITI.*

PAIEMENT.

Le *mutuum*, nous dit Gaius (III, § 90), a pour objet spécial des choses qui *pondere, numero, mensurave constant.*

Dans le quasi-contrat du paiement de l'indû, la prestation doit s'entendre dans l'acception la plus large du mot *solutio : Solutionis verbum pertinet ad omnem liberationem, quoquo modo factam. Solvere dicimus eum qui fecit, quod facere promisit* (Loi 54. 46. 3). Son domaine est si vaste que dans le dernier état du droit, on a pu comparer la *condictio indebiti* à la *restitutio in integrum* (Molitor, t. 2, *Oblig.*).

La *condictio* naîtra généralement d'un transfert de propriété. Pourtant une translation de possession (L. 15, § 1, 50, 16); un simple fait (L. 26, § 12; 40, § 2, h. t.) peuvent être l'objet d'un paiement et donner lieu à la répétition.

Un fragment de Marcien semble, il est vrai, contredire cette dernière assertion. Des *operæ fabriles* ayant été rendues par erreur, il accorde seulement l'*actio præscriptis verbis*, pour le motif suivant : « Quod autem indebitum datur aut ipsum repeti debet, aut tantumdem ex eodem genere : quorum neutro modo repeti possunt » (L. 25, 19, 5). — Mais Celse et Ulpien (L. 26, § 12, 19, 5), tout en reconnaissant qu'un fait ne peut être restitué en nature, décident que la répétition aura pour objet la valeur estimative de l'acte accompli. Cette décision peut se concilier avec le texte de Marcien, si l'on admet que ce jurisconsulte envisageait le fait en lui-même et indépendamment de toute estimation possible. Un autre fragment de lui, la loi 40, § 2, à notre titre, est d'ailleurs conforme à la doctrine d'Ulpien.

Mais, en dehors de l'absence de dette, la prestation effectuée doit offrir tous les autres caractères d'un paiement; ainsi :

1° Elle doit être fournie avec l'intention d'éteindre une dette.

Le possesseur de bonne foi, qui a élevé des constructions sur le terrain d'autrui, a un droit de rétention opposable à la revendication du propriétaire, jusqu'au paiement, au choix de ce dernier, de la valeur des matériaux ou de la plus-value procurée à son fonds (L. 38, 6, 1). Mais aucune action n'est accordée contre le propriétaire au possesseur qui aurait négligé de réclamer l'indemnité avant la restitution du fonds (L. 38, h. t.).

Cujas, contrairement à notre opinion, lui accorde la *condictio indebiti* (V. Molitor, 2, 239), parce qu'il a restitué et, pour ainsi dire, payé la chose sans en déduire les impenses. C'est faire là une confusion sur le caractère de l'action réelle : le défendeur à la revendication n'exécute pas une obligation, vis-à-vis du demandeur, *quia nullum negotium inter eos contraheretur;* il ne peut donc être question de paiement, ni par suite de *condictio.*

Les espèces prévues (L. 60, 30, 1 ; et 40, § 1, h. t.) ne sont pas entièrement identiques. Les jurisconsultes Julien et Ulpien supposent que l'héritier a fait des dépenses sur un objet légué, qu'il a reconstruit partiellement une maison qu'il doit rendre à un fidéicommissaire. Puis il a livré l'objet et la maison sans exercer son droit de rétention. Le jurisconsulte décide avec raison qu'il pourra agir par *condictio incerti,* car dans l'un et l'autre cas, le *solvens* a eu l'intention d'éteindre une dette.

2° Lorsqu'il s'agit de corps certains, la prestation doit être translative de propriété.

Il importe à notre avis d'insister sur cette question, quoiqu'elle appartienne à la théorie générale du paiement, plus qu'à notre sujet. Mais le droit romain présente en cette matière une physionomie si originale que nous sommes tenté de sortir un instant des limites que nous nous sommes tracées. Sous l'empire du Code civil, je vous livre par erreur une chose en paiement d'une dette inexistante. Il est admis par des excellents interprètes, qu'en vertu de l'article 1131, cette prestation n'est pas translative de propriété, faute de cause, et que je conserve l'action en revendication. En droit romain, l'idée de cause est légèrement différente. Les jurisconsultes ont distingué deux éléments dans la cause : la cause efficiente et la cause finale impulsive. Dans la tradition en vue d'éteindre une dette, la cause efficiente du transfert de propriété est l'accord des parties sur une aliénation, la cause impulsive ou finale : c'est le but poursuivi, l'extinction de la dette.

La tradition pour opérer translation exige-t-elle coexistence des deux causes, ou bien suffit-il de la cause efficiente, de la volonté d'aliéner chez l'une et l'autre partie?

Le champ d'application de la *condictio* sera considérablement agrandi ou diminué suivant la solution que nous donnerons à cette question.

« Traditio propria est alienatio rerum nec mancipi. Harum rerum dominia ipsa traditione adprehendimus, scilicet si ex juxta causa traditæ sunt nobis, » dit Ulpien; ou bien encore : « Nunquam nuda traditio transfert dominium sed ita, si venditio aut aliqua justa causa præcesserit, propter quam traditio sequeretur, » dit Paul (L. 31, 41. 1).

Ces textes sont susceptibles d'une double interprétation. La première qui apparaisse à l'esprit est celle-ci : la tradition n'est

translative que si elle a été précédée d'un fait, d'un *negotium*
qui renferme le but déterminant de la volonté.

Il semble que la cause impulsive doive coexister avec le mode
générateur de la translation et, pour que cette cause soit *justa,*
il faut que le but poursuivi soit réalisable. Si donc les parties
ont voulu éteindre une dette, le transfert de propriété est entièrement lié à l'existence de cette dette. Indépendamment des
textes, cette interprétation est raisonnable, car on n'aliène pas
pour aliéner, mais pour satisfaire un intérêt.

Toutefois, elle n'a pas prévalu, et depuis le xiiie siècle, les
commentateurs du droit romain ont adopté une opinion contraire.

La tradition se compose de deux éléments : consentement à
l'aliénation et mise en possession. Les textes parlent en outre
de *justa causa.* La tradition, en effet, est un acte informe, inex-
pressif; pour savoir dans quelle intention la livraison a été faite,
il faut remonter au fait déterminant de la volonté, à la cause.
Mais il n'est pas nécessaire que ce but soit réel, car l'erreur détermine aussi énergiquement la volonté que la vérité. La cause
a existé au moins dans l'esprit des contractants et la translation
de propriété a pu s'opérer. Cette deuxième interprétation fait
de la tradition un mode abstrait de la translation de propriété
qui a son efficacité en lui-même, indépendamment de la réalité
et de la moralité de la cause impulsive. Elle a le mérite de
rendre compte de tout le contenu de nos textes.

Ainsi, reprenons le texte de Paul « *nunquam nuda traditio* »
cette tradition nue : c'est la tradition, au sens vulgaire du mot,
à titre de louage, de dépôt, de gage, sans la volonté d'aliéner.
De même, dans un texte de Gaius (L. 3, § 3, 41, 1), on voit que
la volonté est seule nécessaire pour la translation, mais que
pour la connaître, il faut remonter au *negotium* qui l'a précédée. La paraphrase grecque de Théophile confirme cette idée.

En outre, cette deuxième interprétation est la seule qui puisse se concilier avec les décisions contenues à notre titre (L. 1, § 1).

Le jurisconsulte suppose le paiement d'une dette putative qui nous offre certainement un exemple de tradition sans cause impulsive. Malgré cela, il accorde la *condictio indebiti;* c'est donc que la propriété a été transférée par la seule force de la volonté. Mais, pour que ce consentement soit efficace, il faut qu'il réunisse certaines qualités :

1° Il faut qu'il y ait accord des volontés sur l'individualité de la chose dont la propriété doit être transférée. Le désaccord est difficilement concevable dans la tradition ordinaire, mais, il peut très bien se produire dans le constitut possessoire et dans la *traditio brevi manu.*

2° Il faut qu'il y ait accord sur l'identité des personnes.

Javolenus fait l'hypothèse suivante (L. 25, 39-5) : « Je t'ai « chargé de donner en mon nom à Titius telle chose; toi, man- « quant à la foi promise, tu lui as transmis cette chose, mais en « ton nom personnel. En droit rigoureux, dit le jurisconsulte, la « propriété n'a pas été transférée. » Il y a sans doute volonté d'acquérir et de vendre chez les deux parties, mais l'*accipiens* a entendu acquérir de l'intermédiaire, au lieu que le mandant a voulu aliéner et être donateur ; les volontés ne s'accordent pas sur l'identité des personnes et la propriété n'est pas transférée. On peut encore dire, à l'appui de cette solution, que le manda- taire n'a pas exécuté son mandat, dans les termes où il lui avait été conféré et que, par conséquent, son intervention était forcé- ment inefficace. Mais, en équité, si le mandant veut revendi- quer la chose, il sera repoussé par l'exception de dol. Le dona- taire lui dira : Je ne savais pas, au moment de la tradition, que j'acquérais de vous comme donataire, maintenant je découvre le fait et j'accepte votre donation. Et le mandant n'aura pas à se plaindre, puisqu'en somme la tradition est conforme à son intention primitive. Cette erreur sur l'identité des personnes se conçoit encore très bien dans les contrats où le consentement de l'une des parties est transmis à l'autre par l'intermédiaire d'un tiers. Ainsi je crois traiter avec le mandataire de Titius et il se trouve que l'intermédiaire est le représentant de Stichus.

3° Il faut qu'il y ait accord sur le but de la tradition (L. 18 § 1, 12, 1). « Si je t'ai donné une chose à titre de dépôt et que « tu l'aies reçue à titre de *mutuum,* il n'y a ni dépôt, ni *mu-* « *tuum :* de même, si je t'ai donné une somme d'argent en prêt « et que tu l'aies reçue en *commodat* pour la montrer. » Dans toutes ces hypothèses, pas de translation de propriété.

4° Il faut qu'il y ait accord sur le but de l'aliénation.

Ainsi l'un a la volonté d'aliéner à titre de *mutuum*, l'autre, de recevoir à titre de donation. Cette hypothèse est prévue par deux textes. Dans l'un (L. 36, 41. 1), le jurisconsulte Julien dispose ainsi : « Si pecuniam numeratam tibi tradam, donandi « gratiâ, tu eam quasi creditam accipias, constat proprietatem « ad te transire, nec impedimento esse, quod circa causam « dandi atque accipiendi dissenserimus. »

Dans l'autre (L. 18 principium, 12, 1), Ulpien décide la question en sens contraire :

« Si ego pecuniam tibi, quasi donaturus dedero; tu quasi « mutuum accipias, Julianus scribit : donationem non esse, « sed an mutua sit videndum, et puto, nec mutuam esse : ma- « gisque nummos accipientis non fieri, quum aliâ opinione « exceperit. » On a tenté de concilier ces deux textes. Mais le plus grand nombre des auteurs reconnaissent qu'il y a contradiction entre Ulpien et Julien.

Sans doute, Ulpien admet, comme tout le monde, que la réalité d'une cause impulsive est indifférente à la translation de la propriété; mais il faut au moins que les deux parties soient d'accord sur cette cause elle-même. Ainsi, dans le paiement de l'indû, l'un veut payer, l'autre recevoir une dette imaginaire, il est vrai, mais l'un et l'autre poursuivent le même but. Dans l'hypothèse prévue aux textes, cet accord des volontés tendant vers une même fin n'existe pas. Julien, néanmoins, trouvant chez les deux parties, la volonté abstraite d'acquérir et d'aliéner, décide que la translation s'est opérée. Ulpien ne se contente pas de cette volonté abstraite, il veut en outre l'accord des parties sur une cause impulsive, réelle ou imaginaire.

Quelle opinion a prévalu dans la jurisprudence romaine? Il est difficile de le savoir, car, ce sont les seuls textes que nous possédons sur la question. Mais, en législation, le meilleur système nous paraît être celui d'Ulpien.

Dans toutes ces hypothèses, le *tradens* pourra revendiquer les objets transmis, tant qu'ils se trouveront en nature entre les mains de l'*accipiens*. La revendication cessera par la consommation de bonne foi (L. 78, 46. 3). « Mixti nummi ita ut, discerni non possunt » à ce moment là, une *condictio sine re* prendra naissance. Si la consommation avait eu lieu de mauvaise foi, l'*actio ad exhibendum* pourrait être accordée.

Indépendamment de l'accord des volontés, il faut, en outre, que le *tradens* soit propriétaire et capable d'aliéner.

Ainsi l'aliénation de la chose d'autrui n'étant pas translative de propriété, ne pourra pas être l'occasion d'une *condictio*, mais si l'*accipiens* arrive à usucaper, la *condictio indebiti* peut lui enlever le bénéfice de la prescription accomplie.

Le propriétaire véritable peut être frappé de l'incapacité d'aliéner : c'est un pupille, un *furiosus*, un prodigue interdit. La propriété ne pourra pas être transférée, sans l'assistance du tuteur ou du curateur; par suite, si l'incapable seul a payé l'indû, il pourra revendiquer les écus par lui livrés.

Le paiement fait à un incapable produit les mêmes effets, au point de vue du droit d'action, qu'il émane d'un véritable dé-

biteur ou d'une personne qui n'était pas tenue envers lui. Dans
les deux cas, le transfert de propriété aura lieu, mais le *solvens*
ne pourra réclamer au pupille de bonne foi que le montant de
son enrichissement. Gaius (3, 91) nous apprend même que, de
son temps, on accordait contre le pupille la *condictio indebiti*, parce que l'obligation ne naissant pas ici *ex contractu*,
la question de savoir si l'obligé était ou non capable devait être
indifférente. Justinien (Inst. 3, 14. 1) décide, au contraire, que
le pupille ne sera tenu de la *condictio* que comme il le serait en
cas de *mutuum*, et il en donne comme motif la considération
invoquée par Gaius pour justifier la solution contraire : « Sed
« hæc species obligationis non videtur ex contractu consis-
« tere, quum is qui solvendi animo dat, magis distrahere vo
« luit negotium quam contrahere. » Il n'y a évidemment là
qu'une maladresse de compilateur.

Cette solution de Justinien est préférable à celle de Gaius,
car, ainsi que le fait remarquer M. Vernet (*Textes choisis sur la
théorie des obligations*, p. 62) « le pupille ne pouvant recevoir
« un paiement *sine tutoris auctoritate*, celui qui se croyait
« débiteur est en faute d'avoir opéré le paiement, sans exiger
« que le pupille fût autorisé. »

Le *solvens* n'aura donc qu'une *condictio sine causa*, dans la
mesure de l'enrichissement du pupille. Quel intérêt y a-t-il alors
à refuser la *condictio indebiti*, puisque celle-ci n'autorise la
répétition, même à l'égard d'une personne capable et de bonne
foi, que dans la limite même où le *solvens* devra l'exercer contre
le pupille, à l'aide de la *condictio sine causa?* M. Machelard a
trouvé un intérêt à cette décision : « L'*accipiens*, dit-il, est
« tenu, en principe, à raison du paiement qu'il a reçu, sauf à
« lui à prouver qu'il ne s'est pas enrichi. Le pupille, au con-
« traire, n'est pas tenu à cause de cette circonstance qu'il a
« reçu quelque chose, mais uniquement, s'il a conservé tout

« ou partie de ce qui lui a été livré, de sorte que c'est au de-
« mandeur qu'incombe la charge de prouver qu'il y a lieu à
« une action contre le pupille » (*Des oblig. natur.*, p. 221,
note 1).

La controverse que Gaius nous signale à propos du pupille
divisait aussi les jurisconsultes, au sujet de la femme en tutelle
(G. 2, 84). Gaius la soumettait à la *condictio indebiti*, et cette
solution, quoique critiquée par M. Accarias, nous paraît conforme aux principes.

Inexistence de la dette.

Il faut qu'il y ait *indebitum*. Cette condition est évidente, car
comment le débiteur qui a payé ce qu'il devait réellement,
pourrait-il se plaindre?

Or, l'absence de dette se rencontrera dans quatre hypothèses :

I. — Quand il n'existera pas de dette civile.

II. — Quand il existera une dette civile mais paralysée par
une exception perpétuelle.

III. — Quand la dette civile sera affectée d'une modalité qui
en suspendra l'existence ou l'exigibilité.

IV. — Enfin, quand il n'existera pas de dette naturelle.

I. — *Il n'existe pas de dette civile.*

Il peut y avoir *indebitum* de deux manières : absolument,
si la dette n'a jamais existé; relativement, si la dette existe,
mais, entre d'autres personnes. Nous dirons, dans le premier
cas, qu'il y a absence de dette *ex re* ; dans le second, absence de
dette *ex personis*.

Absence de dette ex re :

Premier cas. — La dette n'a jamais existé : Primus croit par erreur devoir cent écus d'or à Secundus; il les lui paie, il aura la *condictio indebiti* (L. 22, à notre titre).

« Je vous ai acheté un esclave, qui m'appartient, ignorant « qu'il fût à moi, et je vous en ai payé le prix.

« La *condictio* s'ouvrira à mon profit, que vous ayez eu ou « non connaissance de mon droit de propriété » (L. 37, à notre titre; L. 16, 18. 1).

Un héritier paie les legs contenus dans un testament; plus tard ce testament est reconnu faux, *inofficiorum, irritum* ou *ruptum,* l'héritier pourra répéter le paiement qu'il a fait.

Si nous supposons maintenant qu'un testament nul contient des affranchissements, les esclaves devenus libres retourne-ront-ils en servitude, lorsque apparaîtront les causes de nullité ou de révocation? Il faut distinguer : l'esclave tient-il directe-ment la liberté du défunt; son affranchissement est considéré comme nul et non avenu, par application du principe général qu'un acte nul ne peut pas produire d'effets valables.

Au contraire, l'esclave affranchi a-t-il pour patron l'héritier institué, le légataire ou le fidéicommissaire; comme il a fallu, pour exécuter le testament, employer un mode d'affranchisse-ment tirant sa force de lui-même et n'étant pas, immédiatement du moins, une suite nécessaire du testament, il conserve sa liberté; mais comme, au fond, la découverte d'un codicille ré-vocatoire vient démontrer que l'héritier a subi un préjudice, Adrien a imaginé, à titre de transaction, d'imposer à l'esclave devenu libre l'obligation de payer *vigenti aureorum,* au *manu-missor* (L. 2, *in fine* C. de fidéicommis, libert. 7-4). On peut considérer encore comme un cas d'*indebitum,* celui où l'obligation a une cause illicite, injuste ou honteuse, *turpis;* la *con-dictio* prend alors le nom de *condictio ob turpem vel injustam causam.* La cause honteuse peut exister, soit du côté de l'*acci-piens,* la répétition est alors permise (L. 1, 2, 12-5), soit du côté du *solvens,* elle est dans ce cas absolument refusée (L. 4 pr., *eod. tit.*), soit des deux côtés, on applique alors la règle : « *in pari causa melior est causa possidentis* » (L. 8, *eod. tit.*).

Deuxième cas. — La dette existait, mais elle a été éteinte par un mode d'extinction des obligations. — Et nous supposons qu'elle est définitivement éteinte par le paiement, l'acceptilation, la dation en paiement (dans l'opinion de Gaius et des Sabiniens), la novation, etc.

Dans tous ces cas, si le débiteur paie par erreur l'obligation éteinte, il a droit à la *condictio indebiti.*

Troisième cas. — La dette existait, mais le débiteur a payé par erreur plus qu'il ne devait.

La loi 19, § 4, à notre titre, nous fournit l'exemple suivant : Deux *correi promittendi* d'une somme de 10, ont chacun payé 10. Celsus distingue : 1° les paiements ont été successifs; dans ce cas, le premier *correus* ayant éteint la dette, le second a seul la *condictio indebiti;* 2° les paiements ont été simultanés; et pour donner un peu de vraisemblance à cette hypothèse, on peut supposer un des paiements fait à un *procurator* et l'autre au créancier lui-même : dans ce cas, décide le jurisconsulte, comme il est impossible d'attribuer la *condictio* à l'un des *correi* plutôt qu'à l'autre, ils répéteront chacun 5.

La loi 26, § 4, à notre titre, présente une espèce plus intéressante. Elle suppose que, débiteur de 100, je donne en paiement un fonds valant 200, croyant par erreur devoir pareille somme. On pourrait être tenté de décider que, la *datio in solu-tum* ayant éteint la dette, à concurrence de 100, je me trouve, pour le surplus, dans l'indivision avec mon ancien créancier.

Mais on objecte avec raison qu'on ne peut imposer l'indivision
à personne. Aussi le texte décide que :

1° La dette continue de subsister ;

2° La propriété ayant été transférée au créancier, le *solvens*
aura la *condictio*, pour répéter ce qu'il a livré ;

3° L'*accipiens* pourra retenir le fonds, jusqu'à parfait paiement, au moyen d'une *exceptio doli*.

Étant débiteur d'un esclave *in genere*, j'ai cru devoir Stichus
qui est d'un grand prix, et je l'ai livré.

J'ai payé plus qu'il n'était dû, car il suffisait, pour me libérer,
de livrer un esclave susceptible d'être affranchi (L. 72, § 6, 46.
3). La répétition doit donc m'être accordée, ainsi que le décide
Julien (L. 32, § 3, h. t.). — Pourtant Celse la refuse (L. 19 *De
legatis*, 2°) ; mais c'est qu'il se place dans l'hypothèse où l'obligation dérive d'un legs *per damnationem :* cas exceptionnel où
le paiement indû ne peut être répété, ainsi que nous le verrons
plus loin.

Le débiteur peut encore avoir payé les intérêts qu'il ne devait
pas. Nous avons deux cas à examiner :

Première hypothèse. — Il a payé des intérêts au taux légal.
— Quand une personne, débitrice d'un capital, en paie les intérêts, qu'elle ne doit pas, la loi **26** pr. à notre titre, décide
qu'il n'y a pas lieu à répétition, mais quand une personne paie
volontairement les intérêts d'un capital que, par erreur, elle
s'imagine devoir, il n'en est plus de même ; on décide qu'elle
pourra les répéter, car elle ne peut pas être considérée comme
ayant payé sciemment ce qu'elle ne devait pas, *nec videtur
sciens indebitum solvisse* (§ **2**, eod.).

A l'époque classique, lorsque l'accumulation des intérêts
payés produisait une somme égale au capital, les intérêts ces-
saient de courir ; si néanmoins le débiteur continuait par erreur
à les payer, il y avait lieu à la *condictio indebiti.*

Deuxième hypothèse. — Le débiteur a payé des intérêts usuraires. — Il résulte d'un rescrit de Sévère rapporté par Ulpien au texte cité que, dans cette hypothèse, les intérêts payés s'imputaient sur le capital, et que si plus tard le débiteur payait ce capital, la *condictio* lui était donnée dans une mesure égale à la somme d'intérêts imputés.

Si enfin, les intérêts usuraires étaient payés après le remboursement du capital, ces intérêts pouvaient être répétés, comme si, dit Ulpien, c'était un capital indûment payé. Mais que faut-il décider si le paiement du capital et des intérêts ont été simultanés? Ici, le jurisconsulte est moins affirmatif : « Poterit dici et tunc repetitionem locum habere » (*Id.,* princip.). Ulpien semble par là indiquer l'existence d'une controverse, dont il est facile de découvrir les éléments, si l'on examine attentivement les derniers mots de la phrase précédente : « Quasi sors indebita repetuntur. » En effet, dans notre dernière espèce, il est impossible de considérer les intérêts payés comme transformés en capital, et les Romains, voyant dans le paiement des intérêts l'acquittement d'une sorte de dette naturelle, devaient éprouver quelque difficulté à admettre la répétition.

Quatrième cas. — Le débiteur a payé autre chose que ce qu'il devait. — Je me suis engagé à vous livrer Stichus, et je me figure vous avoir promis Pamphile; je vous le livre. Dans cette espèce, je suis tenu envers vous, cela n'est pas douteux, puisque je vous suppose effectivement créancier de Stichus; mais, comme j'ai payé autre chose que ce que je devais, il y a, à ce point de vue, absence de dette *ex re*. Le jurisconsulte Pomponius m'accorde la *condictio indebiti,* mais il ajoute : « Nec enim pro eo quod debeo videor id solvisse. » En effet, si la livraison que je vous ai faite n'est point le résultat d'une erreur, et si, d'autre part, vous avez entendu me libérer de l'obligation de vous donner Stichus, je ne pourrai pas répéter, parce que j'ai payé librement et de votre consentement, *aliud pro alio*. J'ai fait une *datio in solutum*, et je suis libéré, soit *ipso jure*, dans l'opinion de Gaius et des Sabiniens, soit *exceptionis ope*, dans celle des Proculiens (Gaius, *Comment. III*, p. 168; loi 19, § 3, à notre titre).

Titius a promis un esclave *in genere*; il livre par erreur à son créancier un *statuliber*, c'est-à-dire un esclave qui doit devenir libre dans un certain délai ou si tel événement se réalise (L. 1 princip., *De statulib.*, 40, 7). Le créancier peut évidemment se plaindre *pendente conditione*, puisqu'il a reçu *aliud*; de son côté, Titius a la *condictio indebiti*; cette action lui permettra de reprendre le *statuliber*, sauf à lui, bien entendu, à se libérer en livrant un véritable esclave.

C'est toujours l'application des mêmes principes (L. 38, § 3, D., *De solut.*, 46-3).

Les commentateurs opposent à cette loi, la loi 63 de notre titre qui semble, au premier abord, inconciliable avec la précédente. Titius, débiteur de l'esclave Stichus, le livre à son créancier, après qu'il est devenu *statuliber*.

Est-il libéré? Non, car l'objet de son obligation était Stichus esclave, et non Stichus *statuliber*. Donc, comme dans l'autre espèce, le créancier n'a point reçu satisfaction pleine et entière. Pourquoi alors Gaius refuse-t-il à Titius la *condictio indebiti?* La raison en est simple : c'est parce qu'il n'y a pas *indebitum solutum*, nous avons supposé, en effet, que Stichus, celui-là même qui a été livré, était bien dû; au contraire, dans l'hypothèse de la loi 38, Titius devait un esclave *in genere*. La contradiction n'est donc qu'apparente.

Il semble pourtant qu'il y ait dans la solution donnée par le jurisconsulte une *inelegantia juris*. Voilà un créancier qui n'est pas désintéressé, puisqu'il n'a pas entièrement reçu ce qui lui était dû, et qui, par conséquent, conserve l'action attachée à sa créance, et d'un autre côté, voilà un débiteur qui a fait une prestation qui ne le libère pas, et qu'il ne peut pas répéter.

La loi ne l'abandonne pas cependant; il peut user du procédé indiqué par la loi 50 D. *De solution.*, 46. 3 : Je vous donne de l'airain en paiement, au lieu de l'or que je sais vous devoir. Vous vous figurez avoir reçu ce à quoi vous avez droit, parce que vous vous croyez créancier d'une certaine quantité d'airain. Puis vous vous apercevez que je vous ai induit en erreur, et alors vous me poursuivez en paiement de l'or que je vous dois véritablement. Je vous opposerai l'exception de dol, si vous refusez de me rendre l'airain que je vous ai livré, et, par ce moyen indirect, j'arriverai au même but que si de prime abord j'avais intenté contre vous la *condictio indebiti*. Appliquant ce principe à l'espèce que nous examinons, nous déciderons que le débiteur poursuivi ne pourra être condamné, qu'autant que, de son côté, le créancier consentira à restituer le *statuliber*, car il y aurait dol de sa part à vouloir cumuler le bénéfice de la prestation et celui de la condamnation.

Deux textes, la loi 92, § 1, D. *De solut.*, 46, 3, et la loi 9, § 2, *De statulib.*, 40, 7, semblent contenir une décision opposée à celle de la loi 63.

Le premier de ces textes suppose qu'un débiteur a livré un esclave *statuliber*, et il le déclare libéré. *Octavenus putat liberari;* le second n'est pas moins affirmatif. Des controverses auraient-elles donc existé en droit romain sur ce point? Nous ne le croyons pas. En lisant attentivement ces deux textes, on voit facilement que les espèces prévues ne sont pas identiques à celle de la loi 63; ils supposent, en effet, que le débiteur n'est pas propriétaire de l'esclave promis, et que, en conséquence, on ne peut pas lui reprocher un affranchissement qui n'est pas son fait.

Ainsi, nous voyons dans la loi 92 qu'il s'agit d'un esclave appartenant à une tierce personne, qui lui a donné, avant de mourir, la liberté sous condition, et qui a institué héritier le débiteur de cet esclave. De même aussi, la loi 9, § 2, suppose implicitement qu'il s'agit d'un *servus alienus*, car elle s'exprime ainsi : « Et si ante solutionem ad libertatem perveniret, extin- « gueretur obligatio tota..... libertas autem pecuniâ lui non « potest, etc., » idées qui n'auraient aucun sens, si on les appli- quait au débiteur, puisque celui-ci doit être nécessairement déclaré responsable de son fait ; au lieu que le fait d'autrui est pour lui un cas fortuit qui entraîne sa libération.

Autre hypothèse : J'ai promis dix ou Stichus (L. 26, § 13, à notre titre) ; je paie cinq ; on se demande si je puis les répéter. Tout se réduit à savoir si ce paiement partiel est ou non libéra- toire ; il est clair que la *condictio* n'aura lieu que dans le second cas. Ulpien décide avec Celsus et Marcellus que je ne suis pas libéré, même pour moitié, par ce versement partiel : tout dépend du paiement postérieur que j'effectuerai. J'ai le choix ou de payer encore cinq et d'être définitivement libéré, ou de payer Stichus et de répéter alors les cinq que j'ai versés sans cause.

Absence de dette ex personis.

Premier cas. — La dette existe, mais celui qui a reçu le paiement n'est pas le créancier.

Au créancier, il faut assimiler tous ses représentants régu- liers : tuteur, *adjectus solutionis gratiâ,* créanciers corréaux, mandataire chargé de recevoir, gérant d'affaires, (sauf ratifica- tion), *adstipulator,* etc. « Quod jussu alterius solvitur pro eo « est quasi ipsi solutum esset. »

(L. 180, § 50, 17). L'assimilation du créancier avec son tu- teur n'est pas entièrement exacte, car les actes du tuteur peuvent être rescindés dans certains cas par la *restitutio in integrum*, et le débiteur est exposé à payer une seconde fois. Il est vrai qu'il pourra alors se retourner contre le tuteur et intenter contre lui la *condictio*, mais il supportera les risques de son insolvabilité. Depuis Justinien, le débiteur peut parer au danger de la restitution en faisant autoriser le paiement par une décision judiciaire (Inst. II, VIII, § 2); sa libération est alors irrévocable.

Nous ferons remarquer incidemment que les femmes en tutelle n'étaient pas soumises aux mêmes règles que les impubères; la présence de leur tuteur n'était pas essentielle à la validité du paiement qu'elles réservaient (Gaius, II, § 85).

Le créancier, nous l'avons dit, peut être représenté par un mandataire ou un *adjectus solutionis gratiâ*.

Tous les deux tenant leur pouvoir de la convention des parties, par opposition aux tuteurs, aux curateurs qui sont des mandataires légaux. Entre le mandataire ordinaire et l'*adjectus solutionis gratiâ*, il y a cette différence que l'un est toujours révocable et que l'autre ne l'est pas; si bien que le débiteur qui paierait entre les mains de l'*adjectus*, malgré la défense du créancier, serait libéré, *quia certam conditionem habuit stipulatio quam immutare non potuit stipulator* (L. 12, § 3, 46. 3); Paul (L. 14, 12. 4) examine le cas où un paiement a été fait à un *falsus procurator*, c'est-à-dire, à une personne se présentant comme mandataire du créancier, bien que sans pouvoir réel de lui. Deux hypothèses sont à distinguer :

1° Le *solvens* n'était tenu d'aucune obligation. Il aura la *condictio*, contre le *falsus creditor* lui-même, s'il a ratifié le paiement, à défaut contre le *falsus procurator*. Il peut même y avoir lieu à la *reivendicatio*, contre ce dernier, si la somme d'argent lui a été remise, *obsignata*, sous une enveloppe fermée, comme simple intermédiaire entre le *solvens*, débiteur putatif, et le créancier qui, nous le supposons, ne veut pas recevoir. Dans ce cas, il n'y a pas eu de transfert de propriété, à défaut de *consensus* (L. 25, § 1, 1. 16. 3).

2° Le *solvens* était débiteur : dans le cas où il y a eu ratification de la part du créancier, le paiement est validé, *rati habitio mandato comparatur* (L. 12, § 4, 46. 3); peu importe que le *solvens* ait connu ou ignoré le défaut de pouvoir de l'*accipiens*. Mais ce point de vue n'est pas indifférent, lorsqu'aucune ratification n'est intervenue. En effet, le paiement est-il fait sciemment, le *solvens* ne peut exercer de répétition, avant que le *dominus* se soit prononcé, et, s'il refuse la ratification, une action sera bien accordée contre le *falsus procurator*, mais seulement une *condictio ob rem dati*, car le *solvens* a payé en vue de la ratification du créancier, c'est-à-dire, de la libération que l'*accipiens* se chargeait de lui procurer : ce qui constitue les éléments d'un contrat innommé *do ut facias*. Si, au contraire, le paiement a été fait dans l'ignorance du défaut de mandat, le *solvens* aura même avant que le maître ait ratifié, la *condictio indebiti* contre le *procurator* (L. 58 pr., 46. 3). La mauvaise foi de ce dernier pourra donner ouverture aux actions qui naissent du vol. Nous disons « pourra, » car, pour qu'il y ait vol, il faut, outre la mauvaise foi, que la propriété n'ait pas été transmise. Ainsi, lorsqu'il s'agit d'un *falsus procurator* de mauvaise foi, il faut, dit Nératius, dont l'opinion est rapportée par Ulpien (L. 43, § 1, 47. 2) : « il faut voir si cette décision ne « doit pas être admise avec une distinction ; le débiteur livre les « *nummi*, de telle sorte que le *procurator* ne soit qu'un agent « de transmission : la décision est vraie, puisque le *procurator* « ne les reçoit pas pour les faire acquérir à celui à qui le débi- « teur veut les faire passer. Que si le débiteur donne les pièces « dans l'intention qu'elles deviennent la propriété du *procu- « rator,* ce *procurator* ne commet pas un *furtum*, puisqu'il

« reçoit ces pièces conformément à la volonté du *tradens*. »

Cette opinion est contredite par Scævola (L. 18, livre 13, t. 1), le jurisconsulte pose comme un principe incontestable, que la mauvaise foi seule suffit à empêcher la translation de propriété et, par suite, à donner naissance à la *condictio furtiva*. Nous ne croyons pas que cette opinion ait été acceptée par la jurisprudence romaine. La mauvaise foi détermine aussi énergiquement la volonté que la bonne foi, et, nous l'avons vu, la volonté de transmettre chez l'une des parties, d'acquérir, chez l'autre, est la cause unique du transfert de propriété.

Mais il peut se faire que le mandat ayant été révoqué, le débiteur paie au mandataire; quel sera dans ce cas l'effet du paiement? Il éteindra toujours la dette, répondent les textes (L. 32, *in fine*, 46. 3); mais non pas toujours avec la même force. Si la tradition des deniers a été translative de propriété, la dette sera éteinte *ipso jure*. Si, au contraire, le transfert de propriété ne s'est pas opéré, parce que, dit le texte, l'*accipiens*, loin de vouloir servir d'intermédiaire, a reçu le paiement dans l'intention de faire un gain illicite « si nummos acceperit, ut « eos lucretur, » la dette n'est pas éteinte. Mais si le créancier veut exercer son action, il sera repoussé par une exception de dol, et le débiteur se libérera définitivement en lui cédant la *condictio furtiva* qu'il a contre le voleur. Cette solution est rigoureuse pour le créancier, surtout si le voleur est insolvable; mais il faut reconnaître, d'un autre côté, que le créancier est en faute d'avoir révoqué le mandat sans prévenir son débiteur.

Supposons maintenant un paiement fait à un *prœdo*, c'est-à-dire à un possesseur de mauvaise foi. Nous savons qu'en principe le possesseur de mauvaise foi ne fait pas les fruits siens (L. 22, 3. 32, et L. 3, 4. 9).

Voyons cependant quelles solutions résultent de la loi 55,

à notre titre. Papinien, dans ce texte, prévoit plusieurs hypothèses.

Première hypothèse. — Un possesseur de mauvaise foi a
donné à bail une maison, et il en perçoit les loyers. Les locataires qui le paient sont-ils libérés? Oui, car ils ont payé entre
les mains de celui qui était réellement leur créancier. Le contrat de louage, malgré la mauvaise foi du locateur, a créé entre
les parties des obligations réciproques entièrement étrangères
au propriétaire de l'immeuble. Mais, bien entendu, le *prœdo*
est tenu envers le propriétaire jusqu'à concurrence de ce qu'il
a touché par la *condictio sine causa* ou la *petitio hereditatis,*
suivant les cas. Si, au contraire, le *prœdo* a touché des loyers,
alors que le vrai propriétaire a joué le rôle de bailleur; il est
certain que les locataires qui ont payé au *prœdo* auront contre
lui la *condictio indebiti.*

Deuxième hypothèse. — Un esclave possédé par un *prœdo*
travaille pour un tiers, et il donne son salaire à celui qui le
possède. Que va-t-il se passer? L'esclave en travaillant pour
autrui a rendu créancier son véritable maître et non pas le
prœdo; de plus, l'esclave, en remettant son salaire au *prœdo,*
n'a pas pu dépouiller son maître d'un droit de propriété qu'il
lui avait acquis par son fait. Or, si le *dominus* est resté propriétaire, il a la revendication contre le possesseur de mauvaise
foi; et, si les écus sont consommés, il a la *condictio furtiva.*
Quant au *solvens,* il n'a pas la *condictio indebiti,* puisque le
prœdo n'a pas acquis la propriété des écus : *non fit accipientis
pecunia;* mais il est libéré.

Nous arrivons maintenant au cas où le paiement est fait à
un possesseur de bonne foi.

Ulpien (L. 26, 11, à notre titre), se plaçant dans l'hypothèse
de la possession de bonne foi d'une hérédité, fait les distinctions
suivantes : si le possesseur défend à la *petitio hereditatis,* le

solvens pourra répéter seulement ce qu'il a payé au delà de la dette, car l'héritier réel obtiendra par la *petitio* la restitution intégrale de la somme qui a été payée par son débiteur. Que, si le possesseur ne défend pas à la *petitio,* ou ne puisse donner entière satisfaction au *verus heres.* Le débiteur reste tenu vis-à-vis de l'héritier par l'action même de la créance, il ne sera libéré que dans la mesure de la restitution faite à l'héritier demandeur à la pétition d'hérédité. Dans le premier cas, le *solvens* pourra répéter du possesseur, par la *condictio indebiti,* tout ce qu'il a payé; dans le second cas, tout ce dont il reste tenu envers le *verus heres.* Il en serait autrement, s'il s'agissait d'un paiement effectué entre les mains d'une personne que le *solvens* croyait être le mandataire du créancier : on pourrait interpréter comme une ratification, le fait par ce dernier d'intenter contre elle l'action *mandati directa.* Cette interprétation est impossible dans la *petitio hereditatis,* car, le plus souvent, le *verus heres* ignorera le paiement qui a été fait par le possesseur de l'hérédité.

Deuxième cas. — La dette existe, mais celui qui l'a payée n'est pas le débiteur.

Pomponius formule ainsi le principe de la répétition : « Quam-« vis enim debitum sibi quis recipiat, tamen si is qui dat, non « debitum dat, repetitio competit, veluti si quis heredem se vel « bonorum possessorem falso existimans, creditori hereditario « solverit » (L. 19, § 1, à notre titre).

Mais ce principe paraît formellement contredit par Paul (L. 44, à notre titre) : « Repetitio nulla est, ab eo qui suum recepit, « tametsi ab alio quam vero debitore solutum est. » Cujas a proposé de concilier ces deux textes de la façon suivante : dans le texte de Pomponius, le *solvens* aurait effectué le paiement en son propre nom, comme il n'y a alors aucune corrélation entre la dette et la prestation accomplie, le paiement n'a pu éteindre

aucune obligation et le *solvens* exercera la *condictio ;* le texte de
Paul, au contraire, résoudrait l'hypothèse où le paiement a été
fait au nom du véritable débiteur, il a, dans ce cas, éteint une
dette, et la *condictio* sera refusée. Cette explication nous paraît
parfaitement admissible.

Le principe de la loi 19 est encore contredit par un texte du
Code (L. 5, 3. 31); Antonin décide que le possesseur de bonne
foi, défendeur à la *petitio hereditatis,* peut imputer sur la succession les sommes payées de bonne foi aux créanciers héréditaires « *nam repeti a creditoribus qui suum receperunt, non
potest.* »

On a prétendu que la législation aurait varié entre la rédaction du texte de Pomponius et le rescrit d'Antonin, mais la loi
31, livre 5, t. 3, s'oppose à cette interprétation : bien postérieure
au règne de cet empereur, puisqu'elle émane d'Ulpien, elle confirme pourtant la décision de Pomponius.

Il n'est pas impossible, à notre sens, de concilier ces textes.
Ces jurisconsultes accordent la *condictio indebiti* au possesseur,
non seulement quand il a payé l'indû, c'est-à-dire ce que l'héritier réel ne devait pas, mais même lorsqu'il a payé de véritables créanciers héréditaires.

Mais, d'autre part, le sénatusconsulte Juventien offrait au
possesseur pour rentrer dans ses déboursés, un secours autrement efficace que la *condictio.*

Il lui permettait, lorsque l'héritier réel intentait contre lui la
petitio hereditatis, de retenir sur le montant total de l'hérédité,
les sommes payées aux créanciers héréditaires, même aux
créanciers apparents, sauf à céder à l'héritier la *condictio indebiti* que celui-ci exerçait à ses risques et périls. Toutefois,
cette cession ne confère pas à l'héritier le droit de répéter des
véritables créanciers héréditaires ce qu'ils ont reçu, puisqu'il
devrait immédiatement leur rembourser pareille somme ; elle

lui donne seulement une exception , pour repousser toute demande de leur part. Il est donc vrai, en fait, de dire : *repeti a creditoribus, qui suum receperunt, non potest.* Voilà, nous le croyons, la seule signification de la loi 3, à laquelle nous n'attribuons pas une portée trop générale.

Un *pater* ou un *dominus,* poursuivi *de peculio,* pour une dette dont se trouvait tenu son fils ou son esclave, paie, *per imprudentiam,* au delà des forces du pécule; peut-il répéter? Non, répond la loi 11 à notre titre, et la raison en est que le *pater* a payé au nom de son fils ou de son esclave, et celui qui paie *nomine alieno,* une créance due par cet *alienus,* n'a pas la *condictio indebiti.*

II. — *Il existe une dette civile, mais paralysée par une exception perpétuelle.*

L'exception est un moyen de défense qui consiste, sans contredire directement la prétention du demandeur, à élever contre elle un droit indépendant qui la paralyse. Si elle n'assure pas au débiteur, comme un mode d'extinction *ipso jure,* la disparition immédiate du lien juridique, elle lui procure, au fond, les mêmes avantages et c'est pourquoi Paul nous dit : « creditor autem is est qui exceptione perpetua summoveri non potest » (L. 55, 40. 16).

En réalité, le débiteur n'est plus tenu, sa dette est éteinte; et comme on ne peut pas supposer que le débiteur a renoncé à se prévaloir de l'exception qui lui appartenait; maintenir le paiement, ce serait le punir de son erreur, de sa bonne foi : on lui permet de répéter (Loi 40 princip., à notre titre).

Toutefois, ce n'est point là un résultat absolument général. Ces exceptions se divisent en perpétuelles et temporaires, qualifiées aussi de péremptoires et dilatoires.

Les exceptions temporaires ou dilatoires ne peuvent être invoquées que dans un délai déterminé, le débiteur qui a payé par erreur avant l'échéance n'est pas admis à exercer la *condictio indebiti*. Il doit être entièrement assimilé à un débiteur à terme et « in diem debitor, adeo debitor est, ut ante diem « solutum repetere non possit » (L. 10, à notre titre).

Les exceptions perpétuelles, qui paralysent pour toujours l'action du créancier, peuvent seules légitimer la répétition.

Il suffit même pour autoriser cette répétition, que l'on ne sache pas encore au moment où le paiement est fait, si l'exception sera perpétuelle ou temporaire : c'est ce qui arrive dans le cas d'un pacte *de non petendo donec Titius consul fiat*. En effet l'exception *pacti conventi* n'aura été que temporaire, si Titius arrive au consulat; elle sera perpétuelle, s'il meurt et Papinien décide (L. 56, à notre titre), que tout paiement opéré, *die existente*, pourra être répété.

Toutefois, l'exception perpétuelle, ne doit point être contraire à l'équité, ni laisser subsister une obligation naturelle (L. 66, 50-17). Elle doit avoir été introduite en considération de la personne du débiteur.

L'exception *in quantum facere potest*, donnée au mari actionné en paiement de la dot, était bien une exception perpétuelle. Elle pouvait en tout temps être opposée à la femme par le mari insolvable. Supposons qu'un tiers, comme gérant d'affaires du mari, paie à la femme le montant de la dot, le mari pourra-t-il répéter? Non : car s'il ratifie le paiement du *negotiorum gestor*, il est présumé avoir renoncé au *beneficium competentiæ*. S'il ne ratifie pas, il n'a pas d'intérêt et, par conséquent, pas d'action. Mais le *negotiorum gestor* le pourra-t-il? Non, dit la loi 8 à notre titre, car il y avait une véritable dette. Sans doute cette exception perpétuelle est bien donnée par considération pour la personne du débiteur, mais elle est entièrement personnelle à ce débiteur.

Et il n'est pas vrai de dire que la femme s'est enrichie du bien d'autrui, parce que le *solvens* a ignoré que le mari était insolvable. Le *negotiorum gestor* est en faute de n'avoir pas connu les ressources du mari qu'il entendait libérer, il doit supporter les conséquences de son entremise imprudente.

A l'appui de cette solution, on peut encore dire que le bénéfice de compétence laissait subsister à la charge de celui qui l'invoquait une obligation naturelle.

Autre exemple d'exception introduite par considération pour la personne du débiteur :

Le sénatusconsulte Velléien défendait à la femme toute *intercessio*, c'est-à-dire tout engagement par lequel, sans intérêt personnel, elle s'adjoignait à l'obligation d'autrui ou y substituait sa propre obligation. De quels motifs la loi s'inspirat-elle? Il est difficile de le dire. Mais, soit qu'à l'origine, pour des motifs politiques, on redoutât l'influence des femmes, soit que, dans la suite, on voulût les protéger contre de trop faciles entraînements; toujours est-il que la prohibition fut constamment interprétée en leur faveur. « Postea factum est senatus-« consultum quo plenissime feminis omnibus subventum est... « opem tulit mulieribus » (L. 2, § 1 et 2, 16 et s.).

Le sénatusconsulte sanctionnait sa prohibition par une nullité tellement absolue qu'il ne laissait subsister ni obligation civile, ni obligation naturelle : « *totam obligationem senatus improbat.* » Néanmoins, il ne faudrait pas croire que la prohibition opérât toujours *ipso jure;* car, s'il paraît douteux que l'obligation de la femme constitue une *intercessio*, le magistrat délivrera la formule, mais y insérera l'exception tirée du sénatusconsulte.

En regard du sénatusconsulte Velléien, on peut placer un

autre sénatusconsulte : le sénatusconsulte Macédonien qui défendait de prêter de l'argent aux fils de famille. Ceux-ci étaient
protégés contre l'action de leur prêteur par l'*exceptio macedo-
niani senatusconsulti*. Mais il est certain que cette exception n'a
pas été introduite en faveur du fils de famille qui, jouissant de
la plénitude de ses facultés, avait dû donner un consentement
valable et qui, d'autre part, ne méritait aucune considération.
Ce qu'avait voulu le sénatusconsulte, c'était frapper les usu-
riers : « Ut scirent qui pessimo exemplo fœnerarent nullius posse
« filiifamilias bonum nomen, expectatâ patris morte fieri. » Le
fils de famille n'était donc jamais obligé de restituer l'argent
reçu; mais, s'il consentait à opérer le remboursement, la loi
considérait cet acte comme l'acquittement d'une dette naturelle
et interdisait le droit de répétition.

De tous ces exemples, il résulte que l'existence d'une exception au profit du *solvens* autorise de sa part la *condictio,* lorsque
cette exception, introduite pour le protéger, était ou pouvait
être perpétuelle.

L'exception la plus importante qui remplissait toutes ces conditions est celle de dol. Elle consiste à prétendre que, bien que
la demande intentée soit justifiée en droit, néanmoins, l'équité
s'oppose à la condamnation du défendeur. Elle ne se conçoit,
par suite, qu'en l'absence de toute obligation naturelle.

Ulpien nous en offre un exemple (L. 26, 7, à notre titre). Un
débiteur a payé à l'héritier de son créancier le montant de sa
dette, ignorant que ce dernier lui a légué sa libération. Ce legs
n'étant pas un mode d'extinction des obligations, le lien civil
subsiste; mais le débiteur peut agir, *ex testamento,* pour obtenir
sa libération et a, en outre, une exception de dol pour repousser
la demande de l'héritier. C'est grâce à cette dernière, qu'il
pourra répéter ce qu'il a payé par erreur.

On oppose à cette décision un autre texte d'Ulpien qui, au

premier abord, semble le contredire (L. 5, § 2, 34-3). « Lorsque
« le créancier d'un fils de famille lègue la libération au père,
« écrit Julien au même livre, celui-ci doit être libéré par un
« pacte *de non petendo in personam,* si l'on veut que le fils
« reste toujours débiteur. Peu importe l'état dans lequel se
« trouve le pécule au moment de l'ouverture du legs ; le père est
« à couvert, du moment surtout, dit Julien, que l'on se place au
« moment où l'action est intentée pour estimer le contenu du
« pécule. Au père, il faut assimiler le mari que sa femme, après
« divorce, a libéré par testament de l'obligation de restituer la
« dot ; quoiqu'il puisse être insolvable au moment où le legs
« vient à s'ouvrir, il n'en jouit pas moins du bénéfice du legs :
« ni le père, ni le mari ne peuvent répéter comme indues les
« sommes qu'ils ont payées. J'aime mieux avec Marcellus nier
« cette faculté au mari, et à l'inverse l'accorder au père. Après
« tout, le mari n'a fait qu'acquitter une dette parfaitement vala-
« ble. Au contraire, le père ne devait rien au moment du paie-
« ment ; son obligation était simplement conditionnelle, et
« comme telle devait donner lieu à la *condictio* conformément
« aux principes généraux. »

Pourquoi cette distinction ? Puisque le mari a une exception
de dol, on devrait lui appliquer le principe de la loi 26, § 7. Cujas a concilié ces deux textes. Dans le premier, le légataire a
payé après la mort du testateur, à un moment où l'exception de
dol lui était acquise : c'est pourquoi on lui accorde la *condictio.*
Dans la loi 5, § 2, au contraire, le mari aurait payé après le divorce, mais du vivant de la femme, de telle sorte qu'au jour de
l'ouverture du testament, le legs de libération a pour objet une
créance qui a été éteinte par un paiement valable ; il ne peut
donc avoir aucun effet. Tout autre est la situation du père de
famille.

Celui-ci ne peut être actionné que *de peculio* et dans la mesure de ce pécule. Sa dette est donc subordonnée à la condition que le pécule ne sera pas réduit à zéro au moment de la condamnation. Or, nous le verrons plus loin, le paiement d'une dette conditionnelle, *pendente conditione*, autorise la répétition.

Une autre application de ces principes est contenue dans la loi 32 à notre titre. Un fidéjusseur a conclu avec le créancier un pacte *de non petendo in personam*, puis il paie *per imprudentiam*. Le pacte *de non petendo* n'a pas libéré le débiteur principal, mais le fidéjusseur aurait pu repousser l'action du créancier par une exception *pacti conventi* ou par l'exception de dol. Il pourra répéter le paiement qu'il a effectué. Son héritier jouira des mêmes prérogatives. Si plus tard le débiteur principal succède au fidéjusseur, il se libérera en acquittant la dette, sans pouvoir recourir à la *condictio*.

L'application de l'exception du dol à la compensation peut encore donner lieu à la *condictio indebiti*. Ce mode d'extinction ne fut opposable, dans les actions de droit strict, que depuis Marc-Aurèle, et seulement par l'insertion d'une exception de dol, dans la formule (Inst. 4, 6. 30). Si le débiteur avait payé, sans se prévaloir de l'extinction, on lui donnait la *condictio*, comme à celui qui paie, bien que protégé par une exception perpétuelle. C'est en ce sens qu'il faut interpréter ce texte d'Ulpien : « Si quis compensare potens solverit, condicere poterit, quasi indebito soluto. »

On a prétendu que Justinien aurait modifié cette théorie, vraie d'ailleurs à l'époque classique, en attribuant à la compensation l'effet d'éteindre *ipso jure* les obligations, c'est là une erreur de Cujas et de Pothier, qui, malgré l'avis contraire de Doneau et de Vinnius, a prévalu lors de la rédaction de notre Code civil, où elle figure dans l'article 1290.

Parmi les exceptions pouvant légitimer la *condictio*, nous citerons encore : l'exception *jurisjurandi* et celle de la loi *Cincia*.

Un créancier a déféré à son débiteur le serment sur le point de savoir si la dette existait oui ou non; ce dernier a juré qu'elle n'existait pas (L. 43, à notre titre). Le serment n'a pas suffi pour l'éteindre, mais il a suffi pour procurer au débiteur l'exception péremptoire *jurisjurandi*. S'il paie *per errorem, tutus exceptione perpetua*, il peut répéter.

La loi *Cincia* n'annulait pas de plein droit les libéralités qui dépassaient le *modus legitimus* fixé par elle; elle rendait seulement plus difficile la réalisation de l'acte de donation, et ne reconnaissait l'intention de donner chez le *tradens* que lorsque sa volonté s'était manifestée par un dessaisissement plein et entier. S'il était encore nanti, l'exception *legis Cinciæ* permettait au donateur de repousser l'action du donataire, et, s'il payait par erreur, il pouvait exercer la *condictio indebiti, unde si quis contra legem Cinciam obligatus non excepto solverit, debuit dici repetere eum posse*. Si l'on admet que le *modus legis Cinciæ* variait suivant la fortune du donateur, on conçoit facilement que le promettant ait payé *per errorem,* et que, dès lors, il puisse intenter la *condictio indebiti* (Demangeat, II, page 691, note 2).

III. — *La dette est affectée d'une modalité qui en suspend l'existence ou l'exigibilité.*

Il s'agit de la condition ou du terme suspensifs.

La condition suspensive est un événement futur et incertain qui suspend l'existence même de l'obligation. Dans le présent, l'engagement conditionnel ne produit que des effets très restreints : il permet au créancier de prendre des mesures conservatoires et est transmissible aux héritiers; mais, en dehors de là, il ne constitue qu'une simple expectative « spes est tantum debitum iri » (Inst. 3, 15. 4).

Le terme est un événement futur et certain, jusqu'à l'arrivée duquel les parties retardent l'exigibilité d'une dette. Si l'événement doit arriver certainement, quoiqu'à une date indéterminée, on dit alors que le terme est incertain.

1° *Dette conditionnelle.* — Le débiteur a-t-il payé par erreur *pendente conditione*, il peut répéter, car il n'est pas encore, à proprement parler, débiteur. « Nihil interim debetur » dit la loi 13, § 5, 20. 1. Le paiement, que nous supposons, n'ayant pas eu de cause, il y a lieu à répétition : ainsi décide Pomponius (L. 16, princip., à notre titre) : *sub conditione debitum per errorem solutum pendente quidem conditione repetitur.* Mais, bien entendu, l'accomplissement de la condition ayant pour effet la naissance de l'obligation, la *condictio indibiti* ne peut plus, désormais, être exercée : *condictione autem existente, repeti non potest.*

Que faut-il décider, si la condition sous laquelle une personne s'oblige est potestative de sa part? Nous écartons l'hypothèse d'une condition purement potestative pour le débiteur, par exemple de la condition *si voluero :* une telle condition annule l'obligation qu'elle affecte, et si le débiteur paie, il pourra certainement répéter.

Nous supposons donc que la condition est simplement potestative pour le débiteur. Dans ce cas, il semble que la solution, que nous donnions tout à l'heure, ne puisse plus être admise; car, sous un certain point de vue, ne peut-on pas considérer le débiteur qui paie *pendente conditione,* comme réalisant la condition sous laquelle il était engagé et faisant dès lors un paiement valable? Malgré cette raison de douter les textes accordent la *condictio indebiti* (L. 38, § 16, 45. 1 et L. 48, à notre titre).

Que faut-il décider si la condition est impossible? La condition impossible, annule les actes entre-vifs, elle est réputée non écrite dans les dispositions testamentaires. Ces principes étant connus, nous allons examiner un texte de Papinien (L. 58, à notre titre), qui a embarrassé les commentateurs. Voilà l'hypothèse :

Titius affranchit par testament son esclave Stichus : il lui laisse en même temps 500 sesterces par fidéicommis, sous cette condition que la liberté lui aura été acquise par le testament. Après que l'héritier a payé le fidéicommis, Stichus *ingenuus pronuntiatus est*, quel sera le droit de l'héritier? Papinien lui accorde la *condictio indebiti* parce que la condition sous laquelle le fidéicommis était dû ne s'est pas réalisée.

Cette décision a été critiquée par Accurse comme contraire aux principes. Il rappelle que, conformément à la doctrine sabinienne qui avait définitivement prévalu, les conditions impossibles étaient réputées non écrites dans les testaments. Or, dit-il, la condition imposée dans la loi 58 au fidéicommis est certainement impossible à remplir; par suite la libéralité aurait dû être irrévocablement acquise au légataire et la *condictio* refusée contre lui.

Cujas a prétendu au contraire, qu'il n'y a pas ici une condition impossible, parce que le fait impossible est celui qui est absurde, dont l'impossibilité est permanente.

Si un fait possible cesse plus tard de l'être, il y a seulement défaillance de la condition, et la libéralité est annulée. Or, ici, l'événement est futur, il est incertain, il a tous les caractères d'une véritable condition; sa défaillance entraîne donc la caducité du legs et autorise par suite la répétition du paiement fait par erreur.

Mais, en envisageant ainsi la disposition testamentaire de la loi 58, Cujas est en opposition avec la manière de voir des jurisconsultes romains. Ceux-ci étaient divisés au sujet de l'effet d'une condition apposée par le *de cujus* à une libéralité et défaillie au moment même de la disposition. Les Sabiniens, l'assimilant à une condition impossible, la déclaraient non écrite; les Proculiens, la considérant comme une condition casuelle défaillie, admettaient au contraire la caducité de la disposition (L. 6, 1. 135. 1). Mais la doctrine sabinienne paraît avoir prévalu (L. 72, 7. 135. 1). Dans la loi 58, il s'agit bien d'une condition défaillie à l'instant même où le *de cujus* dispose; elle doit donc être réputée non écrite; ce qui entraînerait contrairement à la solution de Cujas, le refus de la *condictio indebiti*.

Une autre explication a été proposée par ce même jurisconsulte. La décision de la loi 58 ne serait que l'application d'un sénatusconsulte rappelé dans la loi 1, au Code, livre 7, titre 54, aux termes duquel l'affranchi qui faisait reconnaître sa qualité d'ingénu devait restituer ce qu'il avait reçu, en qualité d'affranchi, de son patron putatif (Bufnoir, *De la condition*).

Sans nier la valeur de cette explication, on peut, nous le croyons, essayer de justifier par les seuls principes la solution de la loi 58. Si l'on efface les conditions impossibles dans les testaments, c'est que le testateur n'a, dans la plupart des cas, aucun intérêt à l'exécution d'un pareil fait. Bien plus, pour trouver chez lui les éléments d'une volonté sérieuse, il faut nécessairement admettre qu'il ignorait cette impossibilité au jour où il testait, et l'on présume que, mieux informé, il aurait néanmoins disposé au profit de la personne qu'il voulait gratifier.

Il n'en est plus de même dans notre espèce. Si le *de cujus* a imposé au fidéicommis la condition : *si ad libertatem ex testamento pervenerit,* il est facile de reconnaître que c'est afin de subordonner le bénéfice de la libéralité à l'acquisition par son héritier des droits de patronage sur le légataire. Le testateur a donc voulu que le legs soit caduc, si le légataire est reconnu ingénu ou s'il reçoit la liberté d'un autre que son maître. En d'autres termes, le legs est subordonné : 1° à une condition apparente qui est impossible; 2° à la condition non apparente et négative, *nisi ingenuis pronuntiatus est*. Effaçons la première, il reste la seconde, et comme l'événement prouve que le fait prévu existait au moment même de la disposition, le bénéfice du legs n'a jamais été acquis au légataire qui, ayant reçu l'indû, sera exposé à la *condictio indebiti*.

La loi 34, à notre titre, nous offre une espèce assez intéressante de condition imposée dans un testament.

Une personne avait reçu, dit Julien, par fidéicommis, une hérédité tout entière et de plus un fonds, *si decem dederit*. L'héritier, trouvant l'hérédité suspecte, la restitue en vertu du Trébellien; il n'y a plus de cause au paiement de la somme de 10, et si elle a été payée, elle peut être répétée.

L'espèce est bien posée par le jurisconsulte et la solution nettement donnée.

Mais ce qui a embarrassé les commentateurs, c'est d'expliquer comment le testateur qui laisse au fidéicommissaire toute l'hérédité, peut encore y ajouter *præterea fundus*.

De quel fonds s'agit-il en effet? Cujas a pensé qu'il s'agissait d'un fonds déjà compris dans l'hérédité, et que ce fidéicommis spécial, fait après le fidéicommis général, n'y ajoutait rien; il regarde cette adjonction comme une redondance qu'il faut retrancher. Cette solution ne nous satisfait pas, parce qu'elle n'explique rien.

Ne peut-on pas supposer que ce fonds ajouté au fidéicommis était un fonds de l'héritier, qu'au fidéicommis universel, le testateur a jouté un fidéicommis provenant du bien de l'héritier, un fidéicommis analogue au legs *per damnationem*.

Si l'héritier eût accepté, il aurait été tenu des deux obligations : restitution de l'hérédité, acquittement du fidéicommis, et cette opération aurait pu ne pas lui être onéreuse, si la condition à la charge du fidéicommissaire eût été d'une somme suffisante pour le désintéresser de la perte de son fonds. Il paraît que, dans l'espèce, il n'en fut pas ainsi, puisque l'héritier institué renonça ou du moins n'accepta que *coactus* et en vertu du sénatusconsulte Trébellien.

Toutes les actions étaient données pour ou contre le fidéicommissaire. L'héritier institué, n'étant héritier que de nom, pouvait conserver la propriété de son fonds. Donc les 10 qu'il avait reçus, comme condition de l'accomplissement du fidéicommis particulier, avaient été donnés sans cause et pouvaient être répétés.

Nous allons passer à un autre ordre de difficultés et supposer qu'une dette pure et simple a été novée par une dette conditionnelle. La question est délicate, les textes en présence semblent se contredire, et les contradictions ont paru s'accroître encore depuis la découverte du manuscrit de Gaius.

Paul, dans la loi 60, § 1, à notre titre, prévoit deux hypothèses.

Sur la première, le texte s'exprime ainsi : « certains jurisconsultes pensent que lorsqu'un débiteur pur et simple a « promis, par la formule de novation, le même objet condition-« nellement, le paiement fait (par erreur), avant l'arrivée de « la condition, peut être répété, car on ne sait, à ce moment, « quelle promesse il acquitte. » Les jurisconsultes en question appartenaient à l'école sabinienne. D'après eux, la stipulation novatoire conditionnelle n'éteignait la dette pure et simple qu'à l'instant même de l'arrivée de la condition, laissant, en cas de défaillance, subsister l'obligation primitive « durat prior obli-« gatio » (Gaius, 3, 179).

Toutefois, les Sabiniens admirent, au moins dans le cas où la stipulation conditionnelle avait lieu *inter easdem personas*, que le débiteur pourrait, en cas de la défaillance de la condition, repousser par une exception *pacti conventi* l'action originaire du créancier. Si donc, *pendente conditione,* le débiteur paie : il pourra répéter, car, jusqu'à l'arrivée de la condition, il était protégé par une exception (Voir en ce sens, L. 36, 12-1).

Dans la deuxième hypothèse, il s'agit d'une personne qui promet conditionnellement, *animo novandi,* l'objet dû purement et simplement par une autre. Ici encore, les Sabiniens accordent la *condictio,* si le paiement a été effectué *pendente conditione* par la personne qui a promis conditionnellement; la *condictio,* au contraire, est refusée à celle qui a promis purement et simplement et qui paie *pendente novatione.*

La doctrine sabinienne était critiquée par une école ayant pour chef *Servius Sulpicius.* Partant de l'idée que l'effet extinctif de la stipulation, *facta novandi causa,* doit être indépendant de sa valeur au point de vue de la formation d'une nouvelle obligation, il soutenait que la stipulation conditionnelle suffit pour opérer immédiatement novation de l'obligation antérieure : et cela, parce que la stipulation, qui est l'instrument de la novation, est un acte parfait en lui-même et dont la validité est simplement subordonnée à la prononciation des paroles solennelles. Dans ce système, toutes les fois que le débiteur primitif payait, par erreur, pour éteindre l'obligation antérieure, il pouvait répéter.

Cette opinion avait, il est vrai, été repoussée, mais elle eut pour résultat de faire accepter, par les Sabiniens eux-mêmes, une exception, lorsque la stipulation novatoire intervenait *inter easdem personas.*

Dans notre loi, le jurisconsulte Paul repousse ce tempérament à la doctrine de l'école sabinienne. Si, dans cette hypothèse, il accorde au *solvens* la *condictio indebiti :* ce n'est pas, parce que la stipulation novatoire conditionnelle a fait naître à son profit une exception; mais, parce que *pendente novatione : ex quâ obligatione solvat incertum est,* on ne sait pas quelle obligation a été payée. La raison donnée par le jurisconsulte prouve, qu'à son point de vue, la première obligation n'a pas été éteinte *exceptionis ope*.

Par *à contrario*, si le paiement est effectué au moment où la condition, qui affecte la seconde stipulation, est défaillie, à l'instant où l'incertitude est impossible, la *condictio* sera refusée au *solvens*.

Or, dans cette hypothèse, Gaius décide formellement en sens contraire (Voir *Comment.*, 3, 179).

2° *La dette est à terme*. — Il existe deux espèces de termes : le terme certain et le terme incertain. Cette distinction présente de l'intérêt en matière de testaments : le terme incertain y est considéré comme une condition. Il en résulte que l'héritier qui paie par erreur un legs fait *sub incerto die*, peut répéter comme s'il avait payé avant l'arrivée de la condition un legs fait *sub conditione*, à moins, bien entendu, qu'il ne s'agisse d'un legs *per damnationem* d'un corps certain ou d'une somme déterminée. Un tel legs, nous le verrons plus tard, même payé par erreur, ne peut jamais être répété.

Mais, en matière de contrats, peu importe que le terme soit certain ou incertain; ce qui a été payé avant terme ne peut pas être répété : « In diem debitor adeo debitor est ut ante diem solutum repetere non possit » (L. 10, à notre titre). « Nam, si quum moriar, dare promisero, et antea solvam, repetere me non posse Celsus ait; quæ sententia vera est » (L. 17, h. t.).

Mais alors comment expliquer le § 1 de la loi 16, h. t., d'après lequel le paiement d'une dette à terme incertain fait *ante diem* ne peut plus être répété quand le terme est arrivé? La répétition est donc admise *pendente die?*

On peut expliquer ce texte en admettant avec le jurisconsulte qu'un terme incertain peut servir à déguiser une condition : il s'agirait donc ici d'un terme incertain de ce genre. Une espèce analogue est prévue dans la loi 38, § 16, 45-1. Ce qu'il y a de plus remarquable, c'est que, si, d'une part, on refusait la *condictio indebiti* au débiteur qui payait avant terme, on faisait, d'autre part, succomber par *plus petitio tempore* le créancier qui agissait avant l'échéance.

La décision de la loi 10 est cependant formelle, et les Romains poussaient même si loin les conséquences du principe qu'ils ne permettaient pas au débiteur de réclamer l'*interusurium*, c'est-à-dire l'intérêt dont il s'était privé en payant trop.

IV. — *Il n'existe pas de dette naturelle.*

L'existence d'une simple obligation naturelle suffit à exclure la *condictio indebiti*. Quand y a-t-il obligation naturelle? « Le « législateur, » dit M. Massol dans son *Traité des obligations naturelles,* « préoccupé de l'intérêt social, dispose quant au « bien extérieur, il ne scrute pas les consciences et ne les « réglemente que tout autant que l'intérêt public le demande. « C'est pourquoi l'obligation naturelle qu'il admet ne repose « pas sur l'équité envisagée d'une manière absolue et qui est « une et immuable; mais bien sur l'équité dont l'ordre social « peut tenir compte; c'est ainsi que l'on comprend que les « principes de l'équité naturelle s'effacent quelquefois devant « les exigences de l'intérêt public. » A côté de l'obligation naturelle se place l'obligation morale. Mais, tandis que l'obligation naturelle « fait partie des biens du créancier, sans cependant produire aucune action, » celle-ci, dépourvue de tous liens juridiques, est inspirée uniquement par la conscience. Toutes les deux sont des transactions entre les raisons de l'équité naturelle et les raisons du droit spécial à chaque race.

Le terme *obligatio naturalis* est employé par les jurisconsultes romains dans deux acceptions différentes. Parfois, il sert à désigner l'obligation qui peut naître aussi bien entre pérégrins qu'entre citoyens : c'est, en d'autres termes, l'obligation du droit des gens.

Dans une autre acception beaucoup plus répandue, l'*obligatio naturalis* est celle qui est dépourvue de la sanction d'une action. Prise dans ce sens, elle touche de près à la matière que nous traitons : nous allons voir, en effet, une série d'obligations, dont l'exécution ne peut être réclamée par voie d'action, mais qui peuvent donner lieu à un paiement valable excluant toute *condictio indebiti*.

Les Romains n'ont pas fait la théorie des obligations naturelles : leurs jurisconsultes, désireux de réagir contre certains principes trop rigoureux de l'ancienne législation, imaginèrent ce correctif ; mais ils ne sont dirigés par aucune vue d'ensemble. Il en résulte que l'interprète a fort à faire en cette matière : car, s'il est exact de dire avec un savant auteur (Machelard), que la pierre de touche de l'obligation naturelle est la faculté de donner lieu à un paiement valable et, par suite, de mettre obstacle à la *condictio indebiti*, il faut remarquer que toutes les obligations naturelles ne bornent pas là leurs effets : ainsi, les unes peuvent être certainement opposées en compensation, pour d'autres, c'est beaucoup plus douteux et il est difficile de mesurer avec certitude ce degré de force.

Nous allons examiner quelques cas d'obligations naturelles :

Entre un père de famille et ceux qui sont sous sa puissance et même entre fils de famille, ou tous individus en puissance, aucune action ne peut naître : les obligations qu'ils contractent sont naturelles.

Nous faisons abstraction des obligations contractées entre le père et le fils de famille, au profit ou à la charge des pécules *castrense* et quasi-*castrense*, car ce dernier à l'égard de ces pécules est considéré comme un *paterfamilias*.

Un exemple d'obligation naturelle est donné par la loi *frater a fratre* (L. 38, à notre titre) qui a longtemps paru inexplicable : c'était une des *septem cruces jurisconsultorum*.

Elle suppose qu'un père a sous sa puissance Primus et Secundus ses fils. Primus qui a un pécule, emprunte 100 à son frère, puis le père vient à mourir et, après sa mort, Primus rembourse intégralement Secundus. A-t-il la *condictio indebiti* et dans quelle mesure?

Pour comprendre cette espèce, voici ce qu'il faut tout d'abord connaître : Primus, *in potestate patris*, empruntant à son frère également *in potestate*, se constitue, en droit, débiteur du *pater*, qui acquiert la créance; mais il n'est pas débiteur, même naturel de son frère, *filiusfamilias* comme lui (Machelard, *Oblig. nat.*, p. 135 à la note). Le père venant à mourir, il faut considérer le pécule de ses fils comme faisant partie intégrante de son hérédité; cela revient à dire que Primus et Secundus succèdent, chacun pour moitié, à chacune des créances du *paterfamilias*, c'est-à-dire, en particulier, à la créance qu'avait celui-ci contre Primus. Si donc Primus a payé 100, il a évidemment la *condictio indebiti* pour 50.

Mais son action ne se bornera pas à cela. Rappelons, en effet, les principes de la matière. Le pécule (il s'agit ici d'un pécule *profectice*, comme dans tous les textes des compilations de Justinien, lorsqu'ils parlent du pécule sans préciser) est un ensemble de biens que le père confie à son fils, afin que celui-ci en ait la disposition. Néanmoins, c'est le père qui reste propriétaire, et il est de règle qu'il ne peut être tenu des obligations qui ont pris naissance contre le fils, à l'occasion du pécule, que jusqu'à concurrence du pécule même.

Or, nous supposons que Primus a emprunté 100; il a donc diminué d'autant son pécule, *cum nihil sit in peculio nisi deducto ære peculiari* (Pothier, I, p. 140, *Des pandectes*). S'il avait emprunté à une autre personne qu'à son frère, celui-ci, *mortuo patre,* aurait tout naturellement supporté la dette de Primus jusqu'à concurrence de la part du pécule qui lui serait échue comme héritier du père.

Mais comme Primus a emprunté à Secundus, son frère, de deux choses l'une :

Ou bien le pécule est supérieur ou égal à 100, ou bien il est inférieur à 100, sans tenir compte de sa dette envers Secundus.

S'il vaut au moins 100, Secundus en prend moitié et recueille par conséquent 50. Or, comme héritier de son père, il a droit à une créance naturelle de 50 contre son frère Primus; il a trouvé, dans le patrimoine qui en était le gage, cette même valeur de 50 : il est désintéressé et, par suite, son cohéritier Primus pourra répéter les 100 qu'il a indûment payés.

Si, au contraire, le pécule vaut moins de 100 : par exemple 60. Secundus aura recueilli 30 et comme il avait droit à 50, il restait, après le décès du père, créancier naturel de son frère pour 20. Primus a payé 100; il pourra répéter 80.

Le jurisconsulte suppose que le père a légué par préciput le pécule à Primus. Dans cette hypothèse, Secundus, ne prélevant rien dans le pécule, reste créancier naturel de son frère pour 50. Il a reçu 100, il devra rendre 50.

Un père a prêté de l'argent à son fils, puis l'a émancipé. Après l'émancipation, le fils paie, pourra-t-il répéter? Le jurisconsulte décide qu'il n'y aura pas de répétition si le père n'a rien gardé du pécule, et cela, parce que le fils est obligé, au moins naturellement, vis-à-vis de son père. Cette dette naturelle, comme toutes les autres dettes, est à la charge du pécule. Le père, qui conserve le pécule après l'émancipation, éteint sa créance naturelle jusqu'à concurrence de la valeur de ce patrimoine, et le fils qui a payé par erreur pourra répéter dans cette mesure.

Si enfin, on suppose avec le texte qu'un créancier du fils agisse, *intra annum, de peculio* contre le père; comme le pécule n'existe que déduction faite de ses dettes envers le père, l'action ne pourra s'exercer que sur ce qui restera après cette déduction.

Les esclaves ne peuvent, envers qui que ce soit, être tenus civilement *ex contractu* ou quasi *ex contractu,* sauf une exception particulière au dépôt (L. 20, § 1, 16. 3). Les obligations naturelles seules leur sont ouvertes. Cette obligation naturelle produira pendant l'esclavage certaines conséquences, puisqu'elle peut comporter une fidéjussion, comme toute obligation naturelle. Toutefois, elle ne pourra être efficace entre le créancier et l'esclave qu'après l'affranchissement de ce dernier. Jusqu'à ce moment, en effet, l'esclave ne peut ni la solder, n'ayant pas de biens personnels, ni la nover en une obligation civile (Gaius, *Comm.* 3, § 119).

Un pupille est sorti de l'*infantia :* néanmoins s'il a promis sans l'*auctoritas* de son tuteur, son obligation est nulle. S'il s'est enrichi : il est obligé civilement.*re*, mais au delà de son enrichissement, il n'est que débiteur naturel dans le droit de Justinien (Inst., liv. 3, tit. 29, § 3).

En était-il de même dans le droit classique? Nous croyons que oui. La question est discutée depuis les glossateurs, et il paraît y avoir eu des dissentiments sur ce point entre les jurisconsultes romains. Toutefois, cette doctrine était soutenue par Pomponius, Gaius, Martin Paul, Ulpien et Papinien (Gaius, c. III, 176; — L. 1, § 1, 46. 2; — L. 95, § 2, 46. 3). Certains textes paraissent la repousser, ainsi la loi 59 (44. 7), dit en parlant du pupille « ne quidem jure naturali obligatur. » En traduisant *jure naturali,* comme si nous avions *jure gentium,* nous avons un sens satisfaisant : l'incapacité du pupille est fondée sur la raison naturelle et tient au droit des gens.

Un texte de Nératius, loi 41 (12. 6), est plus embarrassant : on comprend aisément qu'il accorde la répétition en supposant que le paiement a été fait dans l'impuberté, mais il est plus difficile de concilier avec notre doctrine le motif donné par le jurisconsulte : « *Quia nec natura debet,* » et nous renonçons, avec M. de Savigny, à tout essai de conciliation. ,

Toute personne qui subissait la *minima capitis deminutio* était, *jure civili,* libérée de toutes les obligations, dont elle se trouvait antérieurement tenue, puisque son ancienne personnalité civile était anéantie. Mais cela ne l'empêchait pas de rester obligée naturellement; d'ailleurs, le préteur remédia de bonne heure à cet inconvénient de la *capitis deminutio,* en donnant au créancier une action fictice, comme si la *capitis deminutio* n'avait jamais eu lieu.

Lorsqu'une action ne peut être exercée que pendant un certain temps, c'est-à-dire lorsqu'elle est *temporalis,* et que ce temps est écoulé, celui contre lequel elle pouvait être intentée reste tenu *naturaliter;* et, s'il exécute, il ne peut pas répéter.

Le pacte, lui aussi, donnait naissance à une obligation naturelle (L. 1 princ., 2, 14 ; L. 84, § 1, 50. 17).

Ulpien considère comme obligé naturellement l'affranchi qui, sans y être engagé, a fourni à son patron des *operæ officiales;* en conséquence, il lui refuse la *condictio indebiti* (L. 26, § 12, à notre titre). Quant aux *operæ fabriles,* l'affranchi qui n'y est point tenu peut toujours en répéter l'estimation. La solution d'Ulpien repose sur l'idée que l'affranchi doit se montrer reconnaissant envers celui à qui il doit la liberté; il est son obligé, il ne saurait se plaindre de ce que la loi lui refuse la *condictio indebiti.*

D'autres obligations, que l'on peut considérer soit comme des obligations naturelles, soit comme des devoirs de conscience, n'autorisent pas davantage la *condictio indebiti*. Ainsi, la mère qui rachète son fils prisonnier chez les ennemis n'est pas admise à se faire rembourser la somme qu'elle a dépensée pour l'acquittement de sa rançon (L. 11, 8, 51); la constitution 11 au Code, *De negotiis gestis*, 2, 19, dispose qu'une mère ne peut pas répéter les aliments qu'elle a donnés à son fils, *materna pietate*. Il faut en dire autant de la personne *qui pietatis respectu sororis aluit filiam* (L. 27, § 1, 3, 5). Et d'ailleurs, plus la parenté s'éloigne, moins on se montre rigoureux (Machelard, *Oblig. natur.*, p. 286). Mais le principe reste entier, et s'applique même à autre chose qu'aux aliments. Ainsi la loi 11, à notre titre, nous apprend que le père qui a payé *per imprudentiam* les dettes de son fils, n'a pas d'action pour agir en répétition.

D'autre part, la mère qui, en principe, ne peut être contrainte à doter sa fille, cette obligation n'étant imposée qu'au *pater* et à l'aïeul paternel, ne peut pas se plaindre, lorsqu'ignorant les prescriptions de la loi, elle a fourni certaines valeurs pour avantager sa fille.

En terminant cette matière, nous essaierons d'indiquer quelques conventions qui ne donnent pas même naissance à une obligation naturelle : ainsi, celui qui n'est pas sain d'esprit ne contracte pas une obligation naturelle; de même, antérieurement aux empereurs Septime Sévère et Caracalla, les donations entre-vifs, que s'adressaient les époux, étaient de nul effet, et, par conséquent, ne pouvaient produire aucune obligation naturelle; de même encore, le droit civil n'accorde pas à une disposition contenue dans un testament irrégulier la puissance de l'obligation naturelle. Enfin les dettes de jeu ne contiennent pas le germe de l'obligation même naturelle et celui qui a perdu et payé a le droit de répéter.

V. — *De l'erreur.*

La répétition du paiement de l'indû n'est donnée qu'autant que le paiement a été fait par erreur. Celui qui sciemment, volontairement, paie, alors qu'il ne doit rien, ou paie autre chose que ce qu'il doit, ne peut rien réclamer.

Ces principes sont certains ; ils résultent d'un grand nombre de textes et notamment des lois 1, § 1, et 24, à notre titre. Les jurisconsultes romains présument que dans les deux hypothèses, l'intention du *solvens* a été de faire une libéralité : *cujus per errorem dati repetitio est,* dit Paul, *ejus consulto dati donatio est* (L. 53, 50. 17).

Ignorant, si je dois, je paie, mais, à condition que je répéterai, s'il apparaît plus tard que je ne devais pas.

Je pourrai répéter, mais sera-ce par la *condictio indebiti?* Non ; car la convention fera la loi des parties. Il y a un contrat : *do ut facias aut des.* En recevant, vous avez contracté à mon égard une obligation alternative de me libérer, s'il y a dette, de me rendre ce que vous avez reçu, si je ne vous devais rien. On agira donc en répétition, non par la *condictio indebiti,* mais par l'action *prescriptis verbis.*

Nous verrons dans un instant quels caractères l'erreur devait avoir pour autoriser la *condictio indebiti;* qu'il nous suffise maintenant de dire qu'elle doit porter sur une *justa causa;* c'est-à-dire sur une cause telle que, si elle avait existé, le *solvens* se serait trouvé véritablement obligé. Ainsi, il est évident que si l'erreur porte sur le motif qui a poussé le *solvens* à faire une prestation quelconque, il n'y a jamais lieu à répétition. Je me suis figuré, par exemple, que Titius avait géré mes affaires, et, sous l'empire de cette idée, je lui ai fait une donation. Or, c'était là une erreur ; Titius ne m'avait jamais

rendu aucun service. Malgré cela, je n'ai pas la *condictio inde-*
bili, parce que je savais fort bien n'avoir contracté envers
Titius aucune obligation de donner (L. 65, § 2, et 52, à notre
titre).

Que décider dans l'hypothèse spéciale où quelqu'un, ne
sachant pas au juste s'il doit ou ne doit pas, paye; pourra-t-il
répéter? Oui, dit Pothier, car, *in re obscurâ melius est favere
repetitioni quam adventitio lucro.* Il s'était élevé, il est vrai,
sur ce point, des controverses que Justinien a tranchées dans
le même sens, ainsi qu'il résulte de la loi 11 au code, à notre
titre. On avait essayé de soutenir, dans l'opinion contraire,
que le paiement avait été fait *transactionis causâ;* Justinien
écarte cette idée et il accorde la *condictio indebiti.*

Nous avons maintenant à nous demander de quelle erreur on
entend parler, quand on accorde à celui qui a payé *per errorem*
la *condictio indebiti.* Les jurisconsultes romains, se plaçant à
un point de vue rationnel et philosophique, distinguaient deux
espèces d'erreur : 1° L'erreur de droit; 2° l'erreur de fait.
Ignorantia, nous dit Paul dans la loi 1, princip., 22, 6, *vel
facti, vel juris est.*

Or, on entend par *error juris* celle qui porte sur les conséquences juridiques d'une réunion de circonstances données, et
par erreur de fait, celle qui porte sur ces circonstances mêmes.

Faut-il accorder la *condictio indebiti* à toute personne, par
cela seul qu'elle a commis une erreur *lato sensu;* ou ne l'accorder qu'à celle qui a commis soit une erreur de droit, soit
une erreur de fait seulement?

Fixons d'abord les points sur lesquels tout le monde est d'accord; il est hors de doute qu'une erreur grossière soit de droit,
soit de fait, ne peut pas être invoquée par celui qui l'a commise. Il faut qu'elle ne soit pas le fait de cet *homo deperditus,
supinus, nimium securus* dont parle le texte, ou de celui qui

seul ignore ce que tout le monde sait; *quid enim si omnes in civitate sciant quod ille solus ignorat* (L. 9, § 2 et L. 3, § 1, 22. 6); comparer également les lois 3, princip., 14, 6; 15, § 1, 18. 1; et 14, § 10, 21. 1).

Ces principes posés, voici les deux règles qui nous paraissent résulter de l'ensemble des textes :

Première règle. — L'erreur de droit nuit à celui qui la commet.

Deuxième règle. — L'erreur de fait ne nuit pas.

Les Romains apportent toutefois à ces règles des exceptions fort nombreuses qui atténuent les différences entre les deux erreurs.

Nous disons tout d'abord que cette distinction entre les deux erreurs, au point de vue des solutions qu'elles entraînent, semble équitable et rationnelle; Neratius en a donné la raison lorsqu'il a dit dans la loi 2, 22. 6 : « Quum jus finitum et possit esse, et « debeat; facti interpretatio plerumque etiam prudentissimos « fallat. » Les empereurs Constantin et Maximien sont encore allés plus loin dans cette voie, en posant en principe que tout le monde est censé connaître la loi (L. 12, C. 1, 18). Voir, dans le même sens, d'autres textes du Code (L. 6, § 7; 4, 5).

En second lieu, nous pensons que telle a été la théorie romaine à l'époque classique.

En effet, si nous examinons les textes du Digeste, nous trouvons un texte de Paul (L. 9, princip., 22, 6) qui est très formel : « Regula est juris quidem ignorantiam cuique nocere, « facti vero ignorantiam non nocere. »

D'autres textes font l'application de cette règle. La loi 4 du même titre dispose que l'erreur de droit ne peut pas servir de base à l'usucapion et, de suite, elle lui oppose l'erreur de fait : « Facti vero ignorantiam prodesse constat. »

De même, nous voyons dans la loi 2 (42. 2) que celui qui fait un aveu ne s'oblige pas, lorsqu'il se trompe sur un fait;

qu'il est tenu, au contraire, s'il fait un aveu inconsidéré, parce qu'il a ignoré les conséquences juridiques de cet aveu.

Ainsi encore, celui qui peut demander la *bonorum possessio* et qui ne la demande pas, parce que *in jure errat,* ne peut point invoquer l'erreur de droit qu'il a commise et s'en faire relever (L. 10, 37. 1).

Les mêmes principes doivent recevoir leur application pour la *condictio indebiti.*

Reprenons le texte de Paul. Après avoir posé la règle, il la développe dans l'espèce suivante : « Cargilianus avait laissé « par testament une somme d'argent à la ville de Cirta, afin « qu'elle l'employât à la construction d'un aqueduc : les héri- « tiers de Cargilianus exécutèrent la disposition, sans consi- « dérer si elle dépassait la quarte que la loi *Falcidie* leur « permettait de conserver, et n'exigèrent même pas la promesse « que l'on a coutume de requérir pour le cas où la quarte serait « entamée; ils stipulèrent même que toute la somme serait « employée à construire l'aqueduc. Plus tard, ils réclament ce « qu'ils ont, disent-ils, payé indûment; un rescrit des empe- « reurs Sévère et Antonin Caracalla leur refuse la *condictio* « *indebiti* en ces termes : Il n'y a que deux ressources et « toutes deux injustes : répéter une somme qui a été donnée « pour la construction de l'aqueduc ou obliger la cité à tirer de « son propre patrimoine la somme nécessaire à un travail qui « doit être le glorieux témoignage d'une libéralité étrangère. « Ainsi, que ceux qui croient pouvoir répéter ce qu'ils ont « maladroitement payé, sans user du bénéfice de la loi *Falcidie,* « sachent bien qu'on ne peut pas s'appuyer sur une erreur de « droit, et que l'usage est de venir au secours non pas des sots, « mais des égarés. »

Paul, ensuite, nous montre le caractère de généralité de cette solution.

Examinons un autre texte, dont le sens est plus douteux (L. 1 pr., 36-4). Ulpien suppose, qu'un testateur ayant défendu à son héritier de fournir la *cautio legatorum*, ce dernier l'a fournie; pourra-t-il demander par la *condictio indebiti*, la libération des fidéjusseurs? Assurément, s'il savait n'être pas tenu de fournir la *cautio*, il n'aura pas la *condictio*; si, au contraire, il ignorait que la remise de cette obligation lui avait été faite, il pourra l'intenter.

Mais s'il a cru qu'une semblable remise ne pouvait lui être faite, cette erreur de droit l'autorise-t-elle à intenter la *condictio?* On a dit qu'à la rigueur, *benigne*, il le pourrait. Ulpien n'admet cette solution qu'avec timidité. Qu'en conclure? On a prodigué les explications. On a dit qu'il s'agissait d'un intérêt minime, ce qui est une pure supposition. On s'est rejeté sur une explication historique : jusqu'à Marc Aurèle, le testateur ne pouvait, par sa volonté, priver les légataires de la *cautio legatorum;* ce prince l'y autorisa. Il pouvait, par conséquent, arriver que l'héritier ignorât ce droit nouveau, et l'incertitude causée par cette innovation était probablement le motif qui poussait Ulpien à considérer une semblable erreur de droit comme excusable. Tout en reconnaissant la part de vérité de cette raison historique, nous préférons voir dans la décision d'Ulpien une de ces exceptions suggérées par l'équité, et qui ne fait que confirmer la règle; la réserve avec laquelle il s'exprime montre qu'en principe l'erreur de droit faisait obstacle à la *condictio indebiti*, mais qu'on dérogeait à cette rigueur dans certaines espèces compliquées, dont l'interprétation *etiam prudentissimos fallat. Scientiam enim observandam*, dit Pomponius, *non quæ cadit in jurisprudentes, sed quam quis aut per se aut per alios assequi potuit, scilicet consulendo prudentiores, ut diligentiorem patremfamilias consulere dignum sit* (L. 2, § 5, 38. 15).

L'erreur de droit ne nuit pas à certaines personnes qui, à cause de leur âge, de leur sexe, ou de leur position dans la société, sont excusables de l'avoir commise : ces personnes sont :

1° Les mineurs; 2° les femmes; 3° les *rustici*; 4° les soldats.

1° Les mineurs de 25 ans ne peuvent point se voir opposer l'erreur de droit qu'ils ont commise, *quod illis jus ignorare permissum est.* Ont-ils contrevenu au sénatusconsulte macédonien, par exemple, en prêtant de l'argent à un fils de famille; on leur accorde l'action que le sénatusconsulte refuse à tous autres (L. 9, princ.; 22, 6). La *restitutio in integrum* leur est donnée, sans qu'il y ait à distinguer s'ils ont commis une erreur de droit ou une erreur de fait, que cette erreur soit ou non excusable (L. 11, § 7, 4. 4), qu'ils aient agi sciemment ou non.

2° Les femmes, *propter sexus infirmitatem,* sont plus favorablement traitées que les hommes, sans toutefois jouir des mêmes prérogatives que les mineurs de 25 ans. La loi les régit d'une façon toute spéciale; elle a d'ailleurs varié suivant les temps.

Ainsi, à l'époque classique, les femmes n'ont pas la *restitutio in integrum,* même pour cause d'erreur, lorsque leur erreur n'est pas plausible, excusable; et encore ne les autorise-t-on pas à invoquer l'erreur de droit *in lucro* (L. 11, C. 1, 18). Plus tard, les empereurs Léon et Anthémius ne leur permirent plus d'invoquer l'erreur de droit que dans les cas où les lois antérieures le leur attribuaient expressément. Ce changement de législation résulte du rapprochement entre deux textes rapportés au code Théodosien et au code de Justinien.

Tandis que, dans le code Théodosien, la femme est assimilée au mineur (L. 3, 2, 16, C. Théod.), il n'est plus question d'elle au code de Justinien, où cependant la constitution d'Honorius et de Théodose se trouve textuellement rapportée, moins les deux premiers mots : *et mulieribus* (L. 8, C. 2, 22). A partir de cette époque, les femmes ne purent plus invoquer l'erreur de droit que dans quelques hypothèses.

Ainsi, par exemple, nous voyons dans la loi 8, § 2, 2, 8, que la femme qui accepte pour caution un esclave, parce qu'elle s'abuse sur les conséquences juridiques de son acte, peut revenir sur ce qu'elle a fait, et demander *ut ex integro caveatur;* de même aussi, on ne reprochera pas à une femme de ne pas avoir rempli les formalités qui lui sont imposées par la loi, au cas où *proegnantem se esse dicet,* si toutefois *non malitia, sed imperitia mulieris factum fuit, ne venter inspiceretur, aut partus custodiretur* (L. 2, § 1, 25. 4); enfin la loi 1, § 5, 2. 13, dispose qu'il faut venir au secours de ceux qui *ob ætatem, vel rusticitatem, vel ob sexum, lapsi non ediderunt.*

En matière de paiement de l'indû, il n'y a plus qu'un cas unique, c'est celui où la femme a payé dans l'ignorance du sénatusconsulte Velléien.

3° Les *rustici,* eux aussi, étaient favorablement traités au point de vue qui nous occupe; l'erreur de droit qu'ils avaient commise ne leur nuisait pas souvent. Ainsi, ils pouvaient demander et obtenir la *bonorum possessio,* même après l'expiration des délais (L. 8, C. 6, 9) et, s'ils avaient négligé, *per rusticitatem,* soit de se défendre à un procès, soit de comparaître au jour fixé, on ne pouvait en tirer contre eux aucune conséquence fâcheuse (L. 2, § 1, 2, 5).

4° Les soldats étaient à peu près assimilés aux *rustici.* Ainsi, ils pouvaient obtenir la *bonorum possessio,* ou faire adition d'une hérédité, même quand les délais étaient passés; de même aussi ils étaient dispensés d'inventorier les biens qui pouvaient leur arriver par succession, et nul n'était admis à leur opposer le défaut d'inventaire, pour les poursuivre *ultra vires.*

Sauf ces exceptions, les principes que nous avons posés restent entiers; ils résultent, ainsi que nous l'avons déjà dit, des lois 6 et 7, 22, 6; 10, C. 1, 18; 6 et 7, C. 4, 5.

Mais ces textes n'ont pas paru suffisants à tous les interprètes, et un certain nombre d'entre eux ont imaginé une théorie contraire basée sur deux fragments de Papinien qui forment les lois 7 et 8 au Digeste, *de juris et facti ignorantia*, et sur la loi 11 au Code, *eodem titulo;* voici comment sont conçues ces lois :

Juris ignorantia non prodest acquirere volentibus; suum vero petentibus non nocet (L. 7).

Error facti, ne maribus quidem in damnis vel compendiis obest : juris autem error nec feminis in compendiis prodest; cæterum, omnibus juris error in damnis amittendæ suæ rei non nocet (L. 8).

Quamvis in lucro nec feminis jus ignorantibus subveniri soleat (L. 11).

Or, il résulte de là, dit-on, que l'erreur de fait est toujours admise, qu'il s'agisse de réaliser un bénéfice, ou d'éviter une perte, peu importe : *ne in damnis quidem, vel in compendiis obest;* mais que l'erreur de droit ne peut être invoquée que pour éviter une perte : *suum vero petentibus.*

Or, il est certain qu'en matière de *condictio indebiti,* le *solvens* veut éviter une perte; donc l'erreur de droit qu'il a commise ne peut pas lui être opposée.

Doneau fait une autre distinction, il prétend qu'il faut distinguer entre le *damnum rei amittendæ* et le *damnum rei amissæ* (Don. 1, chap. 21, p. 14 et suiv.; ch. 22, p. 1 et 2). Dans le premier cas, l'erreur de droit peut, selon lui, être invoquée, mais elle ne peut pas l'être dans le second.

Or, dit-il, dans la *condictio indebiti,* le *solvens* a déjà transféré à l'*accipiens* la propriété de sa chose ; c'est un *damnum rei amissæ* et, par suite, l'erreur de droit ne peut pas servir de base à l'action en répétition.

Ces distinctions ne doivent pas être suivies, car on arrive, en les appliquant, à des conséquences que contredisent la raison et les textes. Prenons une espèce :

Primus contracte une obligation par suite d'une erreur de droit; quand Secundus, son créancier, agira contre lui pour le forcer à exécuter, de deux choses l'une :

Ou bien Primus s'apercevra qu'il a commis une erreur, et alors il pourra repousser Secundus par une exception, puisqu'il s'agit pour lui d'éviter une perte, qu'il n'a point encore subie, mais qu'il est à la veille de subir;

Ou bien il ne découvrira son erreur qu'après avoir payé; mais alors, dans l'opinion de Doneau, comme il y a *res amissa*, c'est-à-dire obligation exécutée; il ne peut pas obtenir, pour rentrer dans son bien, la *condictio indebiti*.

Et cependant, nous savons que celui qui a payé *per errorem*, alors qu'il pouvait opposer une exception perpétuelle, a la *condictio indebiti;* donc la solution qui découle du système que nous combattons est fausse, donc le système entier doit être repoussé.

Ou bien encore, supposons qu'un débiteur, ignorant les conséquences légales de l'aveu judiciaire, se reconnaisse effectivement obligé envers Primus; peut-on, en appliquant la distinction de Doneau, décider qu'avant l'exécution de l'obligation, tant qu'il n'y aura pas *res amissa*, ce débiteur ne supportera pas les conséquences de son erreur? Nul ne saurait le soutenir; car la loi 2, 42. 2, est formelle en sens contraire.

La distinction de Doneau doit donc être écartée. Reste le premier système.

On nous dit que l'erreur de droit ne nuit jamais, lorsqu'il s'agit, pour celui qui l'invoque, d'éviter un préjudice. Cette proposition est en contradiction avec la loi 9 princip. 22, 6, qui pose évidemment les principes de la matière et qui ne fait aucune distinction.

D'ailleurs, dans les contrats à titre onéreux, cette distinction entre le *compendium* et le *damnum* est très indécise et très vague. Ainsi, il est probable que les textes de Papinien n'étaient ni aussi absolus, ni aussi généraux qu'ils le paraissent; peut-être même ne concernaient-ils que les femmes. Nous savons, en effet, qu'à l'époque de Papinien, les femmes pouvaient encore se prévaloir de leur erreur de droit, sauf toutefois en matière de donation; les mots *compendium* et *lucrum* avaient alors un sens précis. Plus tard, le privilège des femmes fut restreint et leur condition à peu près assimilée à celle des hommes. Les compilateurs de Justinien ont cru devoir de même généraliser le texte de Papinien et ils l'ont rendu inexplicable.

On nous fait encore une seconde objection. Les Institutes, au titre *De obligationibus quasi ex contractu*, 3, 27; Gaius, C. 3, § 91; le Digeste lui-même, à notre titre, ne distinguent pas entre l'erreur de droit et l'erreur de fait. Partout on mentionne l'erreur, mais sans spécifier de quelle erreur il est question. Or, ajoute-t-on, cela se conçoit à merveille, puisque tout le monde reconnaît que la *condictio indebiti* a pour base le grand principe que nul ne peut s'enrichir sans cause aux dépens d'autrui. Les jurisconsultes romains ont exigé l'erreur chez le *solvens*, parce que l'erreur exclut toute idée de donation, mais, ici encore, il n'y a aucune raison de distinguer entre l'erreur de droit et l'erreur de fait.

Cette argumentation ne prouve rien parce qu'elle prouve trop. Dans toutes les ventes avantageuses pour le vendeur, l'acheteur est-il admis à se plaindre et à répéter ce qu'il a payé en trop. Évidemment non, parce que cet enrichissement n'est pas *injustum*. De même, pour que la *condictio indebiti* soit admise, il faut une erreur excusable, et l'erreur qui porte sur le droit ne l'est pas. Pourquoi prétendre que les jurisconsultes auraient dû faire à notre titre la distinction entre l'*error juris* et l'*error facti,* puisqu'un titre spécial est consacré à l'*ignorantia?* N'est-il pas obligatoire, pour l'interprète, de recourir au chapitre qui traite de l'erreur *lato sensu* et d'en combiner les principes avec les solutions données au titre de la *condictio indebiti?*

On nous oppose ensuite un certain nombre de textes que nous allons examiner.

1° C'est d'abord la loi 17, § 10, 50. 17. « L'erreur de celui « qui, se croyant municipe ou colon, a promis qu'il prendrait « sa part des charges de la cité, lui permet de se défendre par « les moyens de droit. » Rien ne prouve que ce texte n'ait pas eu en vue une erreur de fait.

2° La loi 16, § 14, 39. 4, suppose que j'ai payé une somme trop forte à un receveur des impôts et décide qu'en vertu d'un rescrit de Sévère et d'Antonin Caracalla, il devra me restituer l'indû ; on veut trouver là une erreur de droit. Nous prétendons qu'une erreur de fait peut être parfaitement supposée ; d'abord, la somme due dépend nécessairement de calculs qui peuvent être entachés d'erreur de fait, par exemple, s'ils ont porté sur le poids de marchandises ou sur la valeur d'un fonds. Indépendamment même de cette considération, il y a une raison pour obliger le receveur à me restituer une partie de ce qu'il a reçu, c'est qu'il devait connaître la loi et que s'il a reçu tout ce que je lui ai payé, c'est par fraude. M. de Savigny fait même remarquer que le texte rend cette interprétation bien peu douteuse, puisqu'il dit : « Si quid autem indebitum per errorem solventis pu- « blicanus accepit. » Ainsi le *solvens* était seul dans l'erreur.

3° L'espèce prévue par la loi *frater a fratre* que nous avons eu l'occasion d'étudier en parlant des obligations naturelles. Nos adversaires croient y découvrir une erreur de droit. Cela est possible, mais il nous semble que l'espèce est assez compliquée pour que l'on accorde à celui qui a payé, *per ignorantiam juris,* la *condictio indebiti;* aussi n'insisterons-nous pas.

4° Un fils émancipé oublie de demander la *bonorum possessio* dans le délai légal, après la mort de son père. Peut-il répéter ce qu'il a payé, en qualité de successeur, aux créanciers héréditaires? oui, répond la loi 5 au Code; et cependant, objecte l'opinion que nous combattons, ce fils a commis une erreur de droit. Mais, qu'est-ce qui le prouve? Le texte ne spécifie rien; peut-être, au contraire, s'agit-il d'une erreur de fait consistant en ce que, par exemple, le fils croyait encore être dans les délais.

5° Enfin on argumente de la constitution 10 au Code, *de condictione indebiti*, qui autorise le débiteur sous une alternative de répéter à son choix l'une des deux choses, lorsqu'il les a livrées, *per errorem,* toutes les deux; mais ici encore, le *solvens* peut avoir commis une erreur de fait, d'où il résulte que la constitution 10 ne saurait être, pour l'opinion contraire, un argument décisif.

En résumé, nous concluons que : l'erreur de fait, à moins d'être grossière, est toujours excusable : l'erreur de droit ne l'est que par exception.

Cette solution était généralement admise dans l'ancien droit. Grotius toutefois la combat comme contraire à l'équité; Merlin cite un arrêt du parlement de Paris qui en fait l'application, mais son continuateur rapporte un arrêt du conseil de Brabant du 26 août 1709, où l'opinion contraire a prévalu : « Sane « indignum viro probo senatus censuit non ex alia causa num-« mos solutos manere apud eum cui a non debitore soluti erant, « quam quia solvens in jure errasset. » Pothier, dont l'autorité est très grande, quand il s'agit de l'ancien droit, adoptait entièrement notre opinion.

Bonne foi de celui qui reçoit.

Si l'*accipiens* est de mauvaise foi, c'est-à-dire, s'il reçoit le paiement, sachant fort bien n'y avoir aucun droit, commet-il un *furtum*? La question est controversée.

Les partisans de l'affirmative invoquent la loi 18, 13. 1, qui semble, en effet, très explicite. « Quoniam furtum fit, quum « quis indebitos nummos sciens acceperit. »

C'est, ajoute-t-on, l'opinion de Pothier (*Pandectes*, titre *De cond. indeb.*, loi 65, p. 8).

Ceux qui tiennent pour la négative raisonnent ainsi : Pour qu'il y ait *furtum*, il faut une *contrectatio fraudulosa;* or, celle-ci n'est possible que sur un objet corporel, comme le prouve la nécessité où l'on fut d'inventer un délit spécial pour l'appréhension dolosive d'une hérédité (*crimen expilatæ hereditatis*), le paiement indû pouvant résulter d'une acceptilation, d'une promesse, manque donc parfois de cet élément constitutif du *furtum*. Lorsque le paiement aura pour objet une chose corporelle, la tradition intervenue entre le *solvens* et l'*accipiens* opérera sans aucun doute le transfert de propriété, malgré la simple mauvaise foi de ce dernier; par suite, il ne saurait commettre un *furtum*, puisque *rei nostræ furtum facere non possumus* Paul, *Sent.*, 2, 31, 21). Enfin, l'auteur du dol ne peut être traité plus sévèrement que l'auteur de la violence; or, Ulpien nous dit : « Qui vim intulit, fur non est; quamvis qui vi rapuit fur « improbior esse videatur » (L. 14, § 12, 4. 2).

Mais M. de Vangerow soutient que, lorsque l'*accipiens* connaît la nullité de la cause en vertu de laquelle s'opère la tradition, il ne suffit plus, pour opérer le transfert de propriété, qu'il y ait concours de l'*animus transferendi* et de l'*animus acquirendi*. Dans notre hypothèse, l'*accipiens* connaissant l'*in-*

debitum ne pourrait acquérir *pro soluto,* mais seulement comme un *prœdo, ut fur sine omni causa.* C'est là confondre la *justa causa,* c'est-à-dire l'intention réciproque d'aliéner et d'acquérir, avec le motif qui la détermine.

A la vérité, toutefois, dans certains cas exceptionnels, l'*accipiens* de mauvaise foi pourra être considéré comme ayant commis un *furtum,* c'est ce qui arrivera : 1° S'il s'est présenté faussement comme véritable propriétaire de la créance; 2° si, usurpant la qualité de mandataire du créancier, il se présente en son nom pour recevoir, mais dans le but de détourner la chose à son profit. Dans ces deux cas, la propriété n'est pas transférée, il peut y avoir *furtum.* Les textes, d'ailleurs, confirment notre solution (L. 43 princip. et L. 52, § 16, 47. 2; L. 38, § 1 (46. 3); L. 14 (12. 4).

Quant à la loi 18, on peut, nous le croyons, sans en forcer le texte, admettre qu'elle vise un des cas exceptionnels où la *condictio furtiva* prend naissance. Enfin, si Pothier admet, sans distinction, au titre de la *condictio indebiti,* que l'*accipiens* de mauvaise foi commet un *furtum,* il résulte d'un autre passage du même jurisconsulte (*Pand.,* tit. *De furtis,* n° 23) que celui qui reçoit un objet *volente domino* ne commet un *furtum* que si « sciens nummos deberi alteri quem se esse fingit, aut cujus « nomine se accipere fingat. Quod si suo nomine acciperet, « furtum non faceret, quum volente domino acciperet. »

La mauvaise foi de l'*accipiens* peut avoir d'autres effets notables que nous examinerons à propos de l'objet de la *condictio.*

Dans quels cas la *condictio indebiti* n'est pas admise.

Malgré le concours des conditions que nous venons d'énumérer, la *condictio* est, dans certains cas, refusée au *solvens.* Bien que les commentateurs en aient traité sous la rubrique

« nulla causa solutionis, » ces divers cas ne sont pas, à proprement parler, exceptionnels; le refus de la *condictio* tient à ce qu'en dernière analyse le paiement avait une cause valable.

Ce qui a été payé à titre de peine ne peut être réclamé. *Pœnæ non solent repeti, quum depensæ sunt,* dit la loi 42 à notre titre. Un fragment de Gaius, qui forme la loi 46, 50. 17, pose la même règle en employant presque les mêmes expressions. En d'autres termes, dès que la peine est réellement due au moment où on l'acquitte, la restitution n'en pourra être obtenue.

Et cela, bien qu'elle soit effacée par un événement postérieur.

Ainsi, un légataire conditionnel intente contre celui qui a le testament, l'interdit *de tabulis exhibendis* et obtient le paiement de son legs. Il n'est pas obligé de donner caution pour le cas où la condition sous laquelle il a été gratifié viendrait à défaillir; et, si elle fait défaut, l'héritier ne peut rien répéter, *quia pœna contumaciæ præstatur ab eo qui non exhibet* (L. 3, § 14; 43. 5), bien qu'elle soit effacée par le fait du débiteur.

Ainsi un *reus* a fourni la caution *judicatum solvi.* Il ne se défend pas et actionné *ex stipulatu,* il paie. Plus tard il se ravise et se déclare prêt à prendre part au procès. Il n'aura pas la *condictio indebiti,* car il a manqué à sa promesse, cela suffit; la loi le punit en lui refusant une action (L. 35, à notre titre).

On ne peut non plus répéter ce qui a été payé à titre de transaction, bien que le droit invoqué par le demandeur soit plus tard reconnu imaginaire (L. 65, § 1, à notre titre) : le paiement a eu en effet une cause valable; le *solvens* ne voulait pas seulement s'acquitter d'une dette peut-être inexistante, mais surtout éteindre toute contestation.

Au contraire, le paiement serait vraiment sans cause, si le

solvens croyait en payant exécuter une transaction qui n'a jamais existé (L. 23, à notre titre) ou qui est nulle (L. 32, C. 2, 4).

Enfin la *condictio* est refusée quand le paiement a eu lieu en vertu d'une des causes *quæ inficiatione duplantur*.

Pour justifier cette décision, certaines personnes ont supposé qu'une espèce de transaction avait été faite entre le créancier et le prétendu débiteur; mais cette idée ne saurait être admise, car dans une transaction, chacun doit abandonner une partie de sa prétention. Or les textes supposent que le *solvens* se croyait réellement obligé et non pas, qu'il doutait seulement de l'existence de la dette, et dans un tel état d'esprit l'intention de transiger ne se comprend pas. D'ailleurs, si dans quelque espèce particulière, on pouvait trouver les apparences d'une transaction, il ne faudrait pas s'y arrêter davantage, car, nous lisons dans les *Sentences* de Paul que la transaction est impossible, lorsque *lis in duplum crescit adversus inficiantem*.

Une autre explication est la suivante. Si le *solvens* ne peut répéter le paiement, c'est que celui-ci a été en réalité pour lui une véritable cause de bénéfice. Que serait-il advenu s'il avait refusé de payer? Son adversaire, après avoir introduit l'action, lui eut déféré le serment, et, comme il se croyait tenu de la dette, le défendeur, à moins d'un parjure (or, *nemo creditur turpitudinem suam allegans*), aurait été condamné au double et le paiement fait ensuite aurait eu le caractère d'irrévocabilité. En payant le simple, le *solvens* a évité la condamnation; peut-il critiquer un acte qui lui a valu un bénéfice ?

Paul (*Sent.*, 1, 19. 1), nous cite les cas dans lesquels, à l'époque classique, la dette croissait au double par la dénégation :

1° L'*actio judicati*; 2° l'*actio* de la loi *Aquilia*; 3° l'*actio depensi*; 4° l'*actio de modo agri venditi*; 5° l'*actio ex testa-*

mento sanctionnant le legs *per damnationem;* 6° l'*actio depositi miserabilis.*

Justinien abolit l'effet pénal pour le legs en général, mais il le transporta à toutes les dispositions *quæ sacrosanctis ecclesiis et ceteris venerabilibus locis relicta sunt.*

Dans sa Novelle 18, ch. 8, il accorda également une action de ce genre contre celui qui nie sa signature et qui est ensuite convaincu de mensonge.

Si celui qui a payé se figurait à tort avoir été condamné, dans toutes les autres hypothèses, si la cause qui a déterminé le *solvens* à s'exécuter n'existait que dans l'opinion de ce dernier, la solution est la même (L. 4, C., *De cond. indeb.*). Exemple : mon auteur m'a chargé *per damnationem* de donner un objet à Titius. J'acquitte ce legs. Puis je découvre un testament révoquant le legs; puis-je répéter? Non.

Titius réclame de son voisin certains objets déposés chez lui pendant un incendie, un naufrage ou un grand danger; celui-ci paie le prix d'un de ces objets, parce qu'il ne peut le représenter en nature; puis il découvre qu'il avait péri par cas fortuit. Il ne pourra pas en répéter la valeur.

Titius se prétend créancier de celui dont je suis l'héritier; il ajoute qu'il a obtenu contre mon auteur un jugement de condamnation relatif à cette créance. Titius est, nous le supposons, de bonne foi, car, s'il était de mauvaise foi, son prétendu débiteur aurait contre lui l'action *de dolo.* Je le paie, puis j'apprends que jamais aucune condamnation n'est intervenue. Je ne pourrais pas répéter. Dans toutes ces hypothèses, cependant, Pothier accorde au *solvens* imprudent la *condictio indebiti.* Il invoque un texte d'Ulpien, la loi 26, § 10 de notre titre, qui, supposant qu'une personne, se croyant à tort obligée en vertu d'un compromis, vient à payer *quasi ex compromisso,* décide qu'il y a lieu à la *condictio indebiti.*

Cette opinion, qui a l'avantage de limiter, dans une certaine mesure, les conséquences rigoureuses de la doctrine romaine, repose sur ce principe, qu'il y a analogie parfaite entre le compromis et le jugement. Mais cette donnée n'est pas exacte. Le compromis ne donne pas naissance à l'*actio judicati* (L. 1, C., 2, 56); il en résulte qu'en matière de compromis, on ne peut pas dire que *lis crescit in duplum adversus inficiantem,* et dès lors l'argument tiré de la loi 26 n'a plus aucune portée. L'opinion de Pothier est en outre contredite par la loi 36, 10. 2, en des termes qui ne laissent subsister aucun doute : « Sed, quamvis non sit judicatum, tamen ad impediendam repetitionem sufficit, quod quis se putat condemnatum. »

Il existe cependant des cas où l'on peut répéter ce que l'on a payé *ex causa judicati;* ce sont, par conséquent, des exceptions à la règle que nous avons posée plus haut.

1° J'ai été condamné par le juge, parce que mon adversaire s'est appuyé sur des titres dont je demande à prouver la fausseté; c'est, par exemple, sur un testament faux (L. 1, C., 7, 58). On ne peut pas m'opposer l'exception *rei judicatæ;* car il y a lieu, à mon profit, à la *restitutio in integrum,* dont l'effet sera de remettre mon adversaire et moi dans la situation où nous nous trouvions avant le jugement (L. 2, *loc. citat.*). Et plus généralement, il faut accorder la *condictio indebiti* toutes les fois qu'une *restitutio in integrum* vient anéantir un jugement; c'est ce qui arrive notamment lorsque la *sententia* est *venalis* (L. 7, C., 7, 64).

2° La *condictio* appartient encore à celui qui a payé *ex causa judicati,* lorsque des faits postérieurs viennent démontrer que le jugement a été rendu *sine causa.*

Voici l'espèce prévue par la loi 2, 12. 7. Un foulon a reçu des *vestimenta lavanda,* puis il les perd. Le propriétaire des vêtements le poursuit et le fait condamner *ex locato* à lui en

payer la valeur. Plus tard, le propriétaire retrouve les vêtements. C'est alors que le texte accorde au foulon, pour répéter
le prix qu'il a payé, soit l'action *conducti,* soit la *condictio.*
Mais il faut remarquer qu'il s'agit ici de la *condictio sine causa.*

La condamnation, fût-elle injuste, est un obstacle à la *condictio indebiti,* mais, si celui au profit de qui la condamnation
a été prononcée reçoit de mauvaise foi la prestation que lui fait
le défendeur *damnatus,* il encourt la peine du stellionat (L. 29).

À QUI EST DONNÉE LA *CONDICTIO INDEBITI.*

Elle est donnée, en principe, à celui qui a fait le paiement,
mais elle est donnée aussi exceptionnellement à celui au nom de
qui le paiement a été fait. La règle : *per extraneam personam
nihil adquiri potest,* n'est pas plus ici un obstacle que dans le
cas de *mutuum* (L. 6, C. à notre titre; L. 9, § 8, 12. 1); car,
en vertu de la fiction de la tradition *brevi manu,* la propriété
est considérée comme ayant été transférée par celui au nom
duquel on a payé (L. 43, § 1, *De jur. dot.*) soit qu'il y ait
eu mandat ou ratification ou tout autre fait assimilé à un
mandat.

S'il est intervenu une fidéjussion sur un *indebitum* et que le
fidéjusseur paie, à qui appartiendra la *condictio indebiti?*

La réponse à cette question se trouve dans la loi 47, à notre
titre. Le jurisconsulte Celse la résout par une distinction : si le
fidéjusseur paie au nom du prétendu débiteur, c'est ce dernier
qui aura la *condictio indebiti,* sans qu'il y ait besoin de ratification, lorsque le fidéjusseur aura cautionné la dette, sur un
mandat reçu par le prétendu débiteur. Si, au contraire, le fidéjusseur a payé en son propre nom, c'est lui qui aura la *condictio
indebiti* contre l'*accipiens.* Toutefois, comme le fidéjusseur ne
doit pas se trouver en perte, il pourra, si la *condictio indebiti*

ne l'indemnise pas intégralement, agir contre son mandant par l'*actio mandati contraria*.

S'agit-il d'un tuteur, que les textes assimilent à un *procurator*, et qui est, en effet, un mandataire légal, la loi 6, § 3, à notre titre, nous dit que, s'il a payé indûment un prétendu créancier du pupille, ce n'est point à lui, mais au pupille, qu'appartient la *condictio indebiti* et cela, sans qu'on ait à distinguer si le tuteur a payé avec des deniers à lui appartenant, ou avec l'argent de l'impubère. Le paiement a été fait, *impuberis nomine*, c'est l'impubère qui devient créancier et qui a, par suite, l'action attachée à sa créance (L. 57 princ., à notre titre).

Si le tuteur a payé de ses deniers, il pourra recouvrer ses déboursés par l'*actio tutelæ contraria*.

La *condictio indebiti* est parfois donnée utilement à certaines personnes, qui ne pourraient l'exercer suivant les règles, afin d'éviter un circuit d'actions.

La loi 53, à notre titre, nous en fournit un exemple : un maître a donné par testament la liberté à son esclave, à la condition que celui-ci paierait dix à un tiers. Le testament était nul ; mais, comme l'esclave l'ignorait, la volonté du *dominus* a été exécutée, le tiers a reçu les dix qui lui étaient légués. Évidemment, il les a reçus indûment, mais qui pourra les répéter ? Cela dépend. Les dix sont-ils sortis du pécule de l'esclave sans la permission du *dominus*, celui-ci peut les revendiquer, car l'esclave n'a pas pu en transférer à autrui la propriété : au contraire, l'esclave a-t-il agi du consentement de son maître héritier, c'est au maître qu'appartient la *condictio indebiti*. Mais si, sur la prière de l'esclave, un tiers était venu payer ces dix, il est constant que la *condictio* aurait été acquise au *dominus*, si on avait suivi les rigueurs du droit ; mais Proculus nous apprend qu'il a paru *benignius* et *utilius* d'accorder la *condictio* à celui-là même qui a fourni les écus.

Un tuteur a payé à un créancier du pupille plus qu'il ne lui était dû et le compte de tutelle ne fait pas mention de ce paiement. A qui appartiendra la *condictio?* au tuteur (L. 67, § 1, à notre titre); mais cette *condictio* est *utilis,* car, en droit pur, c'est le pupille qui devrait l'exercer.

L'héritier apparent, qui paie avec les ressources de l'hérédité, n'agit pas comme mandataire de l'héritier véritable, mais bien comme propriétaire, c'est donc à lui qu'appartient la *condictio,* en cas d'*indebitum.* Toutefois, lorsqu'il restituera l'hérédité au véritable héritier, il retiendra, à cause de sa bonne foi, ses déboursés; mais, en compensation, il devra lui céder la *condictio indebiti* qui lui compète contre les légataires (L. 17, 5. 3, et loi 16, *in fine, eod. tit.*). A l'époque d'Adrien, l'action fut donnée directement au *verus heres,* comme *condictio indebiti utilis,* et indépendamment de toute cession (L. 2, § 1, L. 3 et 4).

CONTRE QUI EST DONNÉE LA *CONDICTIO INDEBITI?*

En principe, la *condictio indebiti* doit s'exercer contre celui qui a profité du paiement (L. 49, à notre titre). Les rapports de mandant à mandataire sont ici régis par les principes déjà expliqués. Nous nous bornerons à citer deux applications :

1° Le mandataire du créancier reçoit du débiteur une somme supérieure à la dette qu'il était chargé de toucher : la répétition de l'excédant sera exercée contre lui, car il a dépassé les limites de son mandat et reçu à ses risques et périls. Si, au contraire, il a reçu mandat de toucher une somme plus forte que la dette réelle, la *condictio* sera exercée contre le créancier, qui est censé avoir reçu lui-même le paiement indû; c'est pourquoi l'action intentée d'abord contre le mandataire, n'empêcherait pas d'agir ensuite contre le mandant (L. 57, 1, à notre titre).

2° Une personne se croyant à tort obligée envers une autre,

se laisse déléguer par elle. Si le délégant était lui-même obligé envers le délégataire, ce dernier aura une action contre le délégué, lequel pourra lui-même exercer contre le délégant la *condictio indebiti certi*, si le paiement a déjà été effectué, *incerti*, dans le cas contraire, car elle ne tendra qu'à obtenir la libération de l'obligation contractée (L. 12, 46. 2). Si le délégant a agi *animo donandi*, la *condictio* pourra être exercée par le délégué même contre le délégataire (L. 2, 3, 39. 5).

De l'objet de la *condictio indebiti*.

Le but de notre action est de réparer le préjudice causé par le paiement indû. Elle aura donc pour objet, soit la chose même qui a été payée, soit son équivalent (L. 9, à notre titre). Pas de difficultés, si la prestation a été d'un corps certain ou d'une quantité. S'agit-il d'un fait accompli au profit de l'*accipiens ?* On l'appréciera en argent, et c'est l'estimation qui sera remboursée.

Ce paiement a-t-il consisté dans la création ou l'extinction d'une obligation? La *condictio* tendra à obtenir la reconstitution du lien ancien ou l'anéantissement du lien nouveau par une acceptilation.

Quand le débiteur d'une dette alternative a, par erreur, payé à la fois les deux objets, peut-il répéter l'un d'eux à son choix, ou doit-il subir l'option de l'ex-créancier? Cette dernière solution s'impose, lorsque la convention originaire attribuait le choix au créancier. Dans le cas contraire, les Proculiens (L. 26, § 13, à notre titre), considérant ce dernier comme actuellement tenu d'une obligation alternative, lui accordaient le choix suivant le droit commun (L. 10, § 6, 23. 3); les Sabiniens décidaient inversement que, dans une matière d'équité comme la nôtre, il fallait autant que possible rétablir l'ancien état de droit, en conservant le choix au débiteur originaire. Justinien adopte cette dernière solution (L. 10, C. à notre titre).

La *condictio* est donnée au *solvens*, pour rétablir l'équilibre injustement rompu entre les deux patrimoines.

L'application de ce principe conduit à des résultats bien différents, suivant que l'*accipiens* a été de bonne ou de mauvaise foi. Dans le premier cas, on ne peut lui reprocher aucune faute, et, dès lors, l'équité sera satisfaite s'il restitue ce dont il s'est enrichi. Sa mauvaise foi, le constituant au contraire en état de dol, le rendrait, dès le paiement, responsable sans rectriction de l'objet qu'il a reçu (L. 65, § 8, à notre titre).

Les restitutions auxquelles aboutira la *condictio* peuvent se référer à l'objet même du paiement, à ses accessoires, aux fruits et intérêts qu'il a produits.

Objet du paiement. — Le principe formulé conduit aux conséquences suivantes :

J'ai, par erreur, fourni l'habitation à une personne de bonne foi ; elle me restituera seulement la somme qu'elle aurait déboursée pour se loger ailleurs ; si elle a été de mauvaise foi, je lui réclamerai le loyer intégral que j'aurais pu retirer de ma maison (L. 65, § 7, à notre titre).

La chose payée indûment est vendue par l'*accipiens* de bonne foi : il sera libéré par la restitution du prix, eût-il même vendu l'objet au-dessous de sa valeur.

Des impensés ont été faites par l'*accipiens*. S'il était de bonne foi, on devra l'indemniser, dans tous les cas ; à cet effet, un droit de rétention lui est accordé sur l'objet reçu. S'il était de mauvaise foi, il ne peut, et seulement depuis Gordien, que retenir les impenses nécessaires (L. 26, § 12 ; L. 65, § 5, à notre titre).

L'*accipiens* de bonne foi peut être même exempt de toute restitution, en vertu du principe ci-dessus : par exemple, s'il a mis hors du commerce (L. 65, § 8, à notre titre), ou livré *animo donandi* l'objet qui lui a été indûment payé.

Sa bonne foi peut même devenir pour lui la source d'un bénéfice réel. Il pourra, en effet, si l'objet payé n'appartenait pas au *solvens*, en usucaper la propriété; non pas, à vrai dire, au titre *pro soluto,* puisque la dette n'existant pas il faudrait admettre, contrairement à l'opinion reçue (L. 24, C. 3, 32) que le titre putatif équivaut au titre réel, mais au titre *pro suo,* qui sert à qualifier la possession, lorsqu'il est impossible de la rattacher à un titre muni d'un nom technique (L. 3, 41-10).

Fruits et accessoires. — Dans tous les cas, la restitution des fruits et accessoires s'impose à l'*accipiens*. On a voulu dispenser l'*accipiens* de bonne foi de la restitution des fruits, par le motif que le possesseur de bonne foi les fait siens.

Ce n'est point à ce titre, remarquons-le, que l'*accipiens* acquiert les fruits, mais en vertu de son droit de propriété sur la chose qui les produit. Aussi en devient-il propriétaire, même quand il est de mauvaise foi, et s'il doit dans tous les cas, les restituer, c'est parce qu'ils constituent à son profit un enrichissement injuste. — Il faut comprendre dans la restitution, non seulement les fruits perçus depuis le jour de la demande, mais tous ceux qui ont été perçus.

Le demandeur réclame en effet un objet qui figurait dans son patrimoine (L. 38, § 1, 2, 7, 22. 1), Mais tandis que l'*accipiens* de mauvaise foi devra restituer tous les fruits, celui de bonne foi ne sera tenu de les rendre que dans la limite de son enrichissement. Si à sa bonne foi primitive a succédé la mauvaise foi, on appliquera distributivement aux deux périodes les règles de calcul que nous venons d'indiquer.

Intérêts. — Les intérêts ne pourront jamais être réclamés; le caractère de droit strict de la *condictio indebiti* s'oppose, en effet, à ce qu'on puisse y prétendre : « Actione enim condictio-

« nis ea sola quantitas repetitur quæ indebita soluta est : usuras
« autem ejus summæ præstari tibi frustra desideras. »

De la preuve.

Actori incumbit probatio. — Que doit-il prouver? Nous avons
dégagé trois éléments dans la *condictio indebiti* : le paiement,
l'*indebitum*, l'erreur. Le *solvens* devra-t-il, dans tous les cas,
faire la preuve de ces trois conditions?

Il n'est pas douteux qu'il ne doive prouver le paiement : c'est
le fait d'où est née sa créance.

En principe, la preuve de l'*indebitum* est aussi à sa charge,
car le paiement établit en faveur de l'*accipiens* une présomption
d'existence de la dette (L. 25 pr., 22. 3). Il semble, toutefois,
que cette preuve soit impossible, puisqu'il s'agit ici d'un fait
négatif. Mais ce n'est point un fait négatif indéfini : il ne s'agit
pas, en effet, de démontrer qu'aucune cause d'obligation n'existait entre le *solvens* et l'*accipiens;* il suffira que la cause indi-
quée par ce dernier pour justifier le paiement soit reconnue
inexistante.

Le *solvens* peut même être dispensé des preuves de l'*indebitum.* Paul nous indique trois cas, dans la loi 25, 22. 3 :
1° Lorsque le défendeur aura nié avoir reçu; il devra prouver
lui-même sa qualité de créancier, car, en niant le fait du paiement, il a renoncé à la présomption qui en résultait en sa
faveur;

2° Lorsque le paiement a été fait par un pupille, une femme
ou toute autre personne ignorant les affaires : *Forensium rerum
expers, vel alias simplicitate gaudens;*

3° Enfin, lorsque la *condictio* a pour objet un billet non
causé que le demandeur prétend avoir indûment signé; ce sera
au défendeur à prouver que le billet a une cause licite.

La preuve de l'erreur incombe encore, en principe, au demandeur ; mais il est facile de comprendre qu'elle résultera souvent de la preuve des deux conditions précédentes, car les libéralités ne se présument pas, tandis que nous voyons certains textes admettre la présomption d'une erreur (L. 1, C. 4, 5). Cette présomption devait être assez facilement admise en faveur du *solvens*, quand il s'agissait d'une erreur de fait ; pour l'erreur de droit, comme les lois sont réputées connues, c'était à celui qui l'invoquait à en faire la preuve.

DROIT CIVIL

DES RENTES VIAGÈRES

CONSTITUÉES SUR PLUSIEURS TÊTES

DROIT CIVIL.

DES RENTES VIAGÈRES

CONSTITUÉES SUR PLUSIEURS TÊTES.

INTRODUCTION.

Les contrats aléatoires ont pris dans notre pratique moderne une extension prodigieuse. En même temps que notre société, dans un but de réparation sociale, ouvrait partout aux vaincus des lois économiques ses établissements hospitaliers, elle organisait, par le simple jeu des lois civiles, l'assistance du capital par le capital.

Certaines combinaisons à peine entrevues par les rédacteurs du Code sont aujourd'hui l'objet d'associations puissantes qui étendent leur champ d'application sur plusieurs continents.

Toute richesse, en effet, est essentiellement périssable; les accidents, la maladie, l'incendie, la mort, viennent tous les jours briser les fortunes les plus solidement assises. Aussi, pour parer à ces éventualités, les hommes prévoyants ont créé de toutes pièces un ensemble de contrats nouveaux : l'assurance sur la vie, contre l'incendie, la grêle et les divers accidents qui atteignent le travail manuel.

Dans l'ancien droit, non seulement ces divers contrats n'existaient pas ; mais, ils étaient considérés comme contraires à la morale et réprouvés comme des formes particulières du jeu. La pratique moderne a fait justice de cette idée erronée.

Des préoccupations du même genre ont assoupli, présenté sous mille formes diverses, le contrat de rente viagère.

D'après M. Troplong [1] et Hennecius, le contrat de rente viagère fut entièrement inconnu des Romains ; il serait plus juste de dire, avec M. Pont, « que la rente viagère bien connue des « Romains fut peu pratiquée à Rome comme contrat. Nous « trouvons en effet dans la législation civile des Romains affé-« rente aux testaments, une forme de legs qui a l'analogie la « plus grande avec le legs de rente viagère ; il en est traité au « Digeste [2]. Il y a plus ; les sources nous présentent une con-« vention conclue sous la forme d'un contrat verbal, qui pré-« sente tous les caractères de la rente viagère. *Decem aureos* « *annuos, quoad vivam dare spondes* [3]. »

La rente viagère apparaît en France, dès les premiers siècles de notre histoire : on peut consulter à cet égard les capitulaires de Charles le Chauve [4]. Elle était également pratiquée dans les États pontificaux, à une époque fort reculée [5]. Le Code civil l'a acceptée en l'appropriant à des besoins nouveaux. De cette vieille arme de guerre contre le droit canonique, qui prohibait le prêt à intérêt, on a tiré un mécanisme assurant des ressources à l'ouvrier pour le jour où ses forces productives seront affaiblies. De ce contrat élargi dans un esprit de réaction contre

---

(1) *Des contrats aléatoires*, XV, n° 204 ; voy. aussi Dalloz, *Rép. génér.*, v° *Rentes viagères*, n° 21.

(2) *De annuis legatis et fideicommissis*, 33, 1.

(3) Inst., § 3, *De verb. oblig.*

(4) Voy. capitulaire d'Épernay, n° 22.

(5) V. sur ce point Casaregis, Dr. 96, n° 9.

une législation par trop humanitaire, on a fait une des combinaisons les plus ingénieuses de l'esprit d'épargne et de prévoyance, certains ont ajouté : de l'égoïsme, mais nous n'en voulons rien croire. Sans doute ce contrat favorise plus que tout autre l'individu au détriment des siens. Il est, par conséquent, en désaccord avec l'esprit de nos anciennes coutumes, dont tous les efforts tendaient à conserver les biens dans la famille par le retrait féodal ; le retrait lignager ; la règle *paterna paternis, materna maternis ;* les réserves coutumière et féodale. Mais il est à remarquer que, depuis la période gallo-franque jusqu'à nos jours, l'histoire du droit nous présente une lente émancipation des membres de la *gens,* de la *familia.* Au début, le Germain n'a pas de personnalité qui lui soit propre. C'est la famille, c'est la tribu qui acquièrent et qui contractent. Commet-il un délit ? Subit-il un outrage ? C'est l'association qui paie ou qui exige. Voilà le point de départ.

Le Français du Code est une personnalité qui a des droits et par contre des devoirs, qui est responsable non seulement de ses fautes, mais encore de son fait. Voilà le point d'arrivée, voilà le progrès.

L'incertitude sur la durée de l'existence et, par suite, sur l'étendue de nos besoins est l'un des grands stimulants de l'activité humaine. Beaucoup cesseraient de produire, même dans la force de l'âge, s'ils étaient sûrs de mourir le lendemain. La rente viagère répond à merveille à ce genre de préoccupations, si bien qu'elle peut arrêter certaines productions avant l'heure et favoriser des repos anticipés.

Ici, comme ailleurs, il importe de distinguer le contrat sérieux et utile de l'abus qu'on en peut faire.

En fait, la majorité des crédi-rentiers sont des vieillards sans liens de parenté, qui, incapables de travailler et d'assurer leur subsistance, remettent leurs capitaux entre des mains plus jeunes.

et plus entreprenantes qui vont les faire fructifier [1]. A tous les points de vue, les économistes ont donc lieu d'être satisfaits.

Comme nous le disions tout à l'heure, le contrat de rente viagère s'est agrandi. Les hommes d'affaires, pour satisfaire des besoins constamment renouvelés, ont mis au jour des combinaisons diverses où l'interprète a souvent beaucoup de peine à dégager les principes du droit. Il en est résulté des incertitudes et de nombreuses controverses que nous essaierons d'exposer.

Notre but n'est pas d'écrire un traité complet sur les rentes viagères — ce cadre nous a paru trop vaste pour une thèse — mais simplement d'étudier quelques-unes des questions qu'elles ont fait naître.

Ainsi, la rente viagère peut être constituée sur la tête et au profit d'un tiers qui n'a pas fourni les deniers : alors s'élèvent des difficultés d'interprétation des articles 1119, 1120, 1121 et 1973 du Code civil ou bien elle a été constituée sur la tête et au profit de deux personnes qui ont chacune fourni une part des deniers : difficultés de discerner l'élément à titre gratuit et l'élément à titre onéreux. Enfin les valeurs ont pu être prises dans une communauté conjugale : alors, nouveaux rapports, nouvelles questions, nouvelles controverses.

Le droit fiscal suit pas à pas toutes les vicissitudes du droit civil. Aux termes de la loi du 22 frimaire an VII, art. 4 : « Le « droit proportionnel est établi pour toute transmission de pro- « priété, d'usufruit ou de jouissance des biens meubles et im- « meubles, soit entre-vifs, soit par décès. Les quotités sont « fixées par l'article 69 ci-après. Il est assis sur les valeurs. »

Or, les quotités varient d'après la nature des actes. Les va-

---

[1] Voir en ce sens : Exposé des motifs de Portalis. Séance du 25 ventôse an XII (Locré, tome XV, p. 176. — Fenot, t. XIV, p. 542 et 543).

leurs augmentent ou diminuent suivant la composition des
masses et toutes les questions de droit civil que nous examinerons intéressent le droit fiscal. La plupart du temps même, elles
ont été résolues en jurisprudence au sujet de contestations entre
l'Administration de l'Enregistrement et les contribuables.

CHAPITRE PREMIER.

DES RENTES VIAGÈRES CONSTITUÉES A TITRE ONÉREUX.

SECTION PREMIÈRE.

DES CONDITIONS D'EXISTENCE ET DE VALIDITÉ DU CONTRAT DE RENTE VIAGÈRE SUR PLUSIEURS TÊTES.

Sommaire.

Définition de la rente viagère; — Formes du contrat; — Nature des prestations; — Du bail à nourriture de personnes, de la constitution de pension alimentaire : différences entre ces contrats et la rente viagère; — Durée des prestations; — Sur la tête de qui la rente peut-elle être constituée et la présence au contrat de toutes les personnes désignées est-elle nécessaire? — Développements sur les articles 1974 et 1975; — Personnalité juridique de la rente viagère.

Dans son traité de la constitution de rente (n° 215), Pothier définit la rente viagère « celle dont la durée est bornée à la vie « d'une ou de plusieurs personnes, » et le contrat de rente via- gère « celui par lequel l'un des contractants vend à l'autre une « rente de cette espèce, de laquelle rente il se constitue débi- « teur moyennant une certaine somme qu'il reçoit pour le prix « de la constitution. »

La rente viagère n'a pas toujours sa source dans un contrat; elle peut être créée par un testament et, par conséquent, par un acte unilatéral. La rente viagère peut être constituée moyennant un capital en argent, en échange d'une chose mobilière appréciable ou d'un immeuble. Elle peut aussi être créée à titre purement gratuit par donations entre-vifs ou subordonnées à l'événement du décès.

Dans ce dernier cas, le contrat n'est plus aléatoire : la division des contrats en commutatifs ou aléatoires n'étant qu'une subdivision des contrats à titre onéreux.

Or, dans le titre XII, les rédacteurs du Code traitent uniquement des contrats aléatoires. Les articles 1969 et 1970 sont les seuls de notre chapitre qui aient trait aux rentes viagères constituées à titre gratuit et encore se bornent-ils à un simple renvoi aux règles du droit commun en matière de donations.

La définition de Pothier est un peu étroite. Selon lui, le crédirentier est un acquéreur, la chose vendue est la rente et le prix : les valeurs fournies au constituant. Or, dans un grand nombre de cas, ces rôles sont intervertis. Quand la rente viagère est créée moyennant l'aliénation d'un objet mobilier appréciable ou d'un immeuble, ce n'est plus la rente viagère qui est l'objet vendu, elle est le prix; la chose vendue est, en réalité, le meuble ou l'immeuble qui est aliéné moyennant un prix consistant en prestations périodiques. Cette question n'est pas purement théorique, notamment, en droit fiscal elle présente un intérêt très appréciable. Ainsi, la rente viagère est constituée moyennant l'aliénation d'un immeuble. Quelle est la chose vendue? Si on décide que c'est l'immeuble, le taux des droits à percevoir est de 5,50 p. 0/0; si l'on décide, au contraire, que c'est la rente, le taux s'abaisse à 2 p. 0/0. La jurisprudence s'est fixée dans le premier sens [1].

Pothier avait surtout pour but de marquer nettement les différences existant entre notre contrat et le prêt à intérêt.

Aujourd'hui, ces préoccupations nous sont étrangères et nous

(1) Voir Cass. rej., 29 décembre 1868, S. V., 69. 1. 86.

dirons que le contrat aléatoire de rente viagère est un contrat, par lequel l'un des contractants, appelé débi-rentier ou constituant, s'engage envers l'autre, appelé crédi-rentier, moyennant l'aliénation d'une somme d'argent ou de toute autre valeur, à lui servir jusqu'à son décès ou celui des personnes désignées, des prestations périodiques en argent ou en denrées.

Aux termes de l'article 1793, « elle peut être constituée au profit d'un tiers, quoique le prix en soit fourni par une autre personne, » alors nous trouvons un élément nouveau : une libéralité vient se greffer sur le contrat à titre onéreux. Ainsi que nous le démontrerons tout à l'heure, ce n'est pas une particularité spéciale à notre contrat, mais l'application pure et simple des règles de la stipulation pour autrui contenues dans les articles 1119, 1120, 1121 et 1122 du Code civil.

Au point de vue de la forme, l'acte de constitution est soumis aux principes généraux. Il peut donc être, soit sous seings privés, soit notarié. En fait, le notaire interviendra dans les cas fréquents où la rente viagère est garantie par une hypothèque, où l'aliénation des immeubles du mari est accompagnée de la renonciation par la femme à son hypothèque légale : en un mot, dans tous les cas où, indépendamment de la rente viagère, la forme notariée est nécessaire *ad solemnitatem actus*.

Dans toutes les autres hypothèses, l'acte sous seings privés suffit et, suivant que la convention est synallagmatique ou unilatérale, les parties appliqueront l'article 1325 ou l'article 1326 du Code civil. Si la rente est constituée moyennant l'aliénation d'un immeuble ou d'une chose mobilière, ou moyennant un prix en argent avec terme fixé, le contrat est synallagmatique sans aucun doute et, aux termes de l'article 1325, il devra être fait en autant d'originaux qu'il y a de parties ayant un intérêt distinct.

Si la rente est établie sur la tête et au profit de diverses personnes qui doivent en jouir, soit indivisément, soit successivement, chacun des bénéficiaires, en vertu de l'article 1325, devra posséder un des originaux de l'acte. En effet, la nécessité des doubles est fondée sur cette considération que, dans les conventions synallagmatiques, il ne doit pas être au pouvoir de l'une ou de plusieurs des parties, de forcer l'autre à tenir l'engagement, tandis que celle-ci ne pourrait pas l'y contraindre : ce qui arriverait, si chaque partie n'avait pas entre ses mains un original de l'acte sous seings privés.

Lorsque plusieurs associés contractent avec un tiers pour les affaires de la société, lorsque plusieurs propriétaires vendent un immeuble indivis entre eux, un seul original est nécessaire pour tous les covendeurs, pour tous les coassociés, car leurs intérêts sont si intimement liés que le dépositaire de l'acte doit nécessairement le conserver, s'il veut administrer la preuve de son droit. Les intérêts de tous les contractants sont alors sauvegardés par l'intérêt même du gardien de l'*instrumentum*. Mais, il n'en est plus ainsi lorsque les obligations sont, de toutes parts, divisibles et susceptibles de paiements partiels ; le créancier détenteur, une fois désintéressé, n'a que faire du titre et la porte est ouverte à toutes les collusions frauduleuses.

Dans l'hypothèse d'une rente viagère constituée à prix d'argent au profit de plusieurs personnes et sur leurs têtes, au décès du crédi-rentier, dépositaire de l'original, son droit est épuisé et ses héritiers ont entre les mains un titre qui leur est inutile. Cette situation est pleine de dangers pour les autres bénéficiaires.

L'article 1325 y a remédié par la nécessité des originaux multiples.

Les inconvénients que nous venons de signaler peuvent se produire dans les actes unilatéraux, lorsque les créanciers ont des intérêts parfaitement distincts, mais, en cette matière, les rédacteurs du Code ont laissé aux parties le soin de prendre toutes mesures contre la possibilité de la fraude prévue.

L'article 1326 qui vise cette catégorie d'actes exige seulement qu'ils soient écrits en entier de la main de celui qui les souscrit, ou, du moins, qu'outre sa signature, il ait écrit de sa main un bon ou un approuvé portant en toutes lettres la somme ou la quantité de la chose, sauf certaines exceptions tirées de la qualité de la personne. Cet article ne renvoie pas à celui qui le précède.

Lors donc que la rente viagère sera constituée moyennant un capital en argent payé comptant, ou au paiement duquel la réalisation du contrat sera subordonnée, l'opération sera unilatérale et les formalités de l'article 1326 devront seules être accomplies.

Et il ne faut pas accuser les rédacteurs du Code d'imprévoyance. Même, si nous devons en croire, Toullier, t. 8, n° 7; Duranton, t. 13, n° 144; Troplong, *De la vente*, n° 32; Bonnier, *Tr. des preuves*, n° 562, la nécessité des doubles n'a été conservée dans l'article 1325 du Code que par suite d'une ardeur de plagiat. Les rédacteurs du Code ont trouvé cette théorie toute faite dans la jurisprudence du parlement de Paris, qui n'était du reste pas acceptée par tous les parlements (1) et l'ont reproduite, peut-être avec un peu de légèreté sans prendre garde que, dans le but de prévenir certaines fraudes peu redoutables, même pour les moins clairvoyants, ils s'exposaient à annuler des conventions sérieusement élaborées.

L'obligation du débi-rentier a pour objet des prestations périodiques en argent ou en denrées et le contrat de rente viagère

____

(1) Voir en sens contraire jurisprudence des parlements de Grenoble et de Douai.

doit faire connaître exactement la nature et le montant de ces prestations.

Tout autre est une convention fréquemment usitée en pratique qui, elle aussi, comporte des prestations périodiques jusqu'au décès du créancier et qui, en raison de ses affinités apparentes avec notre contrat, doit en être soigneusement distinguée.

Deux personnes, la plupart du temps, deux époux aliènent tout leur patrimoine au profit d'un tiers qui s'engage à les nourrir, les loger, les vêtir, en un mot, à assurer leur subsistance jusqu'au jour de leur décès.

Si ce contrat intervient entre étrangers, c'est un bail à nourriture ; si, au contraire, il est conclu entre des parents ou alliés tenus de l'obligation alimentaire et que le patrimoine cédé soit d'une valeur bien inférieure aux services promis, il peut être une forme spéciale d'exécuter les obligations des articles 205 à 207, 212, 349, 762, 763, 764 et 955 du Code civil. Mais en aucun cas, ce n'est une constitution de rente viagère.

Le bail à nourriture de personnes est la convention par laquelle un particulier ou un établissement hospitalier s'obligent à nourrir un ou plusieurs individus, moyennant un prix déterminé. Le Code ne parle pas de ce contrat, mais les lois fiscales du 22 frimaire an VII, article 69, § 2, n° 5, et du 16 juin 1824, article 1, l'autorisent implicitement en fixant les droits auxquels il donne lieu. Ses caractères particuliers sont les suivants :

1° Les obligations du constituant sont indéterminées. Lorsque le contrat est conclu avec un établissement hospitalier, il est entendu tacitement que le pensionnaire devra s'astreindre à la règle, à la discipline de l'établissement, mais lorsqu'il est conclu avec un particulier et que les parties n'ont pas pris soin de déterminer les prestations à accomplir — ce qui changerait du reste la nature du contrat — il y a, en cas de contestation, une large prise à l'arbitraire du juge. En effet, dans les besoins de la vie, il faut distinguer deux sortes de nécessaires : l'absolu et le relatif. La médecine nous trace les bornes du nécessaire absolu; mais, pour le nécessaire relatif qui est basé sur l'état ou la qualité des personnes, leur position sociale, leur éducation et les circonstances; autant d'individus, autant de solutions différentes, par suite, dans tous les cas, le vague et l'incertitude.

2° Les prestations périodiques sont essentiellement variables. La saison, l'âge, les infirmités, l'état de santé ou de maladie sont autant de circonstances qui peuvent modifier la nature de ces prestations.

La rente viagère n'a aucun de ces caractères. Le débi-rentier doit fournir à époques fixes une somme d'argent ou une prestation nettement déterminée, sans autre incertitude que sur la durée de son obligation.

Cette distinction n'est pas purement théorique. Elle présente un intérêt pratique très appréciable :

Au point de vue civil, le bailleur qui n'exécute pas l'obligation de nourrir peut être contraint à la résolution du contrat et au remboursement du prix. Au contraire, l'article 1978 du Code civil dispose que « le seul défaut de paiement des arrérages de « la rente viagère n'autorise point celui en faveur de qui elle est « constituée à demander le remboursement du capital ou à « rentrer dans le fonds par lui aliéné. Il n'a que le droit de « saisir et faire vendre les biens de son débiteur et de faire « ordonner ou consentir sur le produit de la vente, l'emploi « d'une somme suffisante pour le service des arrérages. »

Au point de vue fiscal, les constitutions de pension alimentaire, sont assujetties au droit de 0,20 p. 0/0 sur le prix stipulé ou sur l'évaluation par les parties des valeurs et charges qui en tiennent lieu (Déc. min. du 12 septembre 1809; Instr. régie, 450).

Les constitutions de rente, au contraire, sont assujetties au droit de 2 p. 0/0 assis sur les mêmes bases [1] (loi du 22 frimaire an VII, art. 69, § 5, n° 2).

Nous venons de déterminer l'objet des prestations périodiques qui constituent la rente viagère, il importe maintenant d'en marquer la durée. Les articles 1971 et 1972 répondent à cette question.

Aux termes de l'article 1972 « elle (la rente viagère) peut être constituée sur une ou plusieurs têtes, » et l'article 1971 ajoute : « soit sur la tête de celui qui en fournit le prix, soit sur la tête d'un tiers qui n'a aucun droit d'en jouir. »

Voilà donc un large champ ouvert à l'imagination des contractants, et si une génération ne leur suffit pas, ils peuvent étendre la rente viagère jusqu'à la génération suivante.

Le tribunal de la Seine, le 6 août 1862, a eu à interpréter la clause d'un testament olographe conçue en ces termes : « Je « donne et lègue à M. X..., une rente de 1,200 fr. viagère sur « sa tête et après lui, sur la tête de ses enfants légitimes, s'il « en laisse après lui, car autrement elle sera annulée. » Les héritiers prétendirent que cette disposition devait être interprétée en ce sens que la rente était constituée d'abord sur la tête de X..., et ensuite au profit de ses enfants nés ou à naître ; mais, que cette réversibilité était caduque par le défaut d'enfants nés ou à naître à l'époque du décès du testateur. Cette argumentation était sérieuse, mais le tribunal ne s'y est pas arrêté. Il a décidé que la rente n'était pas nécessairement réversible sur la tête des enfants, mais constituée seulement au profit du père et étendue dans sa durée jusqu'à la seconde génération. Par suite, les enfants n'étant pas personnellement léga-

---

[1] Sur la question (Voy. M. Troplong, n° 230). Voy. Cassat., 16 avril 1822 (Dalloz, *Rente viagère*, n° 7 ; S. V. Coll. nouv., 7. 1. 55).

taires, il n'y avait pas lieu de rechercher s'ils étaient ou non capables de recevoir, à l'époque du décès du testateur. Sur appel, ce jugement a été confirmé par la Cour de Paris le 14 mars 1864 et la chambre des requêtes a rejeté le pourvoi par un arrêt du 29 mai 1865.

De ces monuments de jurisprudence, nous voulons retenir simplement que les rentes viagères peuvent être constituées sur la tête de personnes même non vivantes au jour du contrat et être étendues ainsi d'une génération à l'autre.

Toutefois, en fait, il y aurait à apprécier si les parties n'ont pas voulu par ce procédé faire échec à l'article 1911 du Code civil, qui prescrit le rachat des rentes constituées en perpétuel, ou déguiser une convention usuraire. Ainsi, par analogie des dispositions de la loi du 29 décembre 1790, article 1, sur le rachat des rentes foncières, on pourrait décider qu'une rente viagère qui, par suite du nombre des têtes sur lesquelles elle est constituée, est appelée presque certainement à parcourir un laps de temps supérieur à quatre-vingt-dix-neuf ans, n'est en réalité qu'une rente perpétuelle, rachetable selon le vœu de l'article 1911 du Code civil, et soumise à la limitation du taux de l'intérêt prescrite par la loi du 3 septembre 1807, article 2 [1].

Par contre, s'il n'est pas nécessaire que les existences, qui vont servir de mesure à la durée des prestations, soient commencées, dès le jour de la conclusion du contrat; il faut au moins : *qu'elles soient nettement déterminées.*

Ainsi, la clause par laquelle le crédi-rentier stipulerait la réversibilité de la rente sur la tête d'une personne qu'il désignera à son choix et postérieurement au contrat, s'il le juge à propos, serait nulle comme contraire à l'essence du contrat de

---

[1] Voir en ce sens, Cass. du 31 mars 1813 (Art. 4064, J. N.).

rente viagère en particulier et de toutes les conventions en général.

En effet, pour la validité d'une convention, l'article 1108 exige un objet certain qui forme la matière de l'engagement. Ces expressions « un objet certain » indiquent que la chose doit être spécifiée, au moment du contrat, ou que des circonstances accessoires doivent la déterminer d'une manière invariable, afin que le débiteur puisse apprécier l'étendue de son obligation.

Ainsi, dans un contrat de rente viagère, le débi-rentier, qui doit calculer les chances de profit et de perte, suivant l'âge, l'état de santé, la profession, les habitudes de celui sur la tête duquel la rente est constituée, se trouverait à la merci du créancier qui pourrait altérer le fonds même de l'engagement en désignant à sa volonté la personne pendant la vie de laquelle la rente devrait être servie.

Par conséquent, non seulement la faculté accordée au crédi-rentier doit être annulée, mais encore le contrat dans son ensemble ne doit produire aucun effet pour défaut d'objet déterminé.

L'espèce s'est présentée devant la Cour de Caen, le 16 mars 1852, et la Cour s'est bornée à annuler la clause de réversibilité. Cet arrêt ne vient pas directement à l'encontre de notre théorie et il peut se justifier par certaines considérations de fait qu'il a soigneusement relevées :

La venderesse s'était réservé le droit de rembourser la rente pendant cinq ans et la Cour a décidé que, corrélativement, la faculté accordée à l'acquéreur devait lui être notifiée dans le même délai, pour la mettre à même d'exercer ou non son opposition. Cette faculté s'est éteinte par suite de l'expiration du délai et la vente a eu, dès lors, un prix certain, à savoir : une rente viagère constituée sur une seule tête. Ces considérations n'ont que la valeur d'une décision d'espèce. Les motifs de l'arrêt ont une portée plus générale et viennent entièrement à l'appui de notre opinion.

Il faut en outre que l'existence prise comme terme n'ait pas cessé au jour du contrat. Article 1974 : « Tout contrat de rente « viagère créée sur la tête d'une personne qui était morte au jour « du contrat, ne produit aucun effet. » C'est évident. Nous venons d'annuler un contrat de rente viagère, dont l'objet était indéterminé, *a fortiori*, quand l'objet est nul. Et cette nullité est absolue, peut être invoquée par toutes les parties intéressées.

Du reste, si, au jour de la conclusion du contrat, le crédi-rentier connaissait l'événement, il est difficile d'admettre chez lui l'intention sérieuse de contracter à titre onéreux. Pour donner un effet raisonnable à sa volonté, il faut nécessairement décider qu'il a entendu faire une libéralité au constituant.

Or, s'il s'agit de deniers, d'espèces comptées au jour du contrat, cette tradition *animo donandi* suffira pour constituer un don manuel, sans qu'il soit besoin d'apprécier la validité de l'acte qui la constate.

Mais si, au contraire, les valeurs sont encore entre les mains du crédi-rentier ou s'il s'agit d'un immeuble aliéné moyennant le service d'une rente, le contrat ne vaudra ni comme libéralité, ni comme disposition à titre onéreux et cela, alors même que l'immeuble aurait été remis matériellement au constituant. En effet, pour les immeubles la possession de bonne foi n'est pas un titre suffisant de propriété et la tradition est inopérante en l'absence d'un *consensus* valable et exprimé dans les formes voulues. Pour les immeubles, il n'est plus question de dons manuels, de mutations occultes ; leurs transmissions entre-vifs, à titre gratuit, doivent être constatées dans les formes prescrites par l'article 1931 du Code civil.

La jurisprudence et la doctrine admettent, il est vrai, la validité et l'efficacité des donations déguisées sous le couvert des contrats à titre onéreux, la cause exprimée protège la cause réelle. Mais encore faut-il que le contrat soit valable dans son apparence, que la volonté des parties puisse être sanctionnée sous la forme mensongère qu'elles ont prise ; or, nous avons vu que la constitution de rente viagère sur la tête d'une personne décédée ne peut produire aucun effet (1).

Article 1975 du Code civil : « Il en est de même du contrat (c'est-« à-dire il ne produit aucun effet), par lequel la rente a été créée « sur la tête d'une personne atteinte de la maladie dont elle est « décédée dans les vingt jours de la date du contrat. »

Le contrat de rente viagère est nul, non seulement quand le caractère aléatoire qui est de son essence fait complètement défaut, mais encore quand le risque ne peut pas être considéré comme sérieux, parce que la personne sur la tête de laquelle la rente viagère est constituée se trouve atteinte d'une maladie qui rend sa mort presque certaine et dont elle est morte, en effet, dans un bref délai. De même que dans le contrat de vente, il y a nullité, non seulement lorsque le prix fait complètement défaut, mais encore quant à raison de sa vileté il ne peut pas être considéré comme sérieux ; de même aussi, dans la rente viagère, le législateur a invalidé le contrat dans un cas où le risque ne lui a pas paru suffisant pour attribuer à la rente le caractère aléatoire qui lui est essentiel. Mais pour que la nullité de l'article 1975 puisse être invoquée, trois conditions sont nécessaires : 1° Il faut que la personne sur la tête de laquelle la rente est établie soit atteinte de la maladie au jour du contrat ; 2° qu'elle soit morte de cette même maladie ; 3° que le décès soit arrivé dans les vingt jours de l'acte de constitution.

(1) Voir en ce sens, Aubry et Rau, 4e édit., t. IV, p. 583, note 9. — En sens contraire, M. Pont, *Traité des petits contrats*, sur les art. 1974 et 1975.

M. D.

7

Ainsi, dans l'esprit des rédacteurs du Code, une rente viagère, courue seulement pendant vingt jours, n'est pas une valeur sérieuse. Si le crédi-rentier ignorait l'imminence du danger, il y a erreur sur la chose. Or, « l'erreur, » dit Pothier, « annule la convention non seulement lorsqu'elle tombe « sur la chose même, mais encore lorsqu'elle tombe sur la qua« lité de la chose que les contractants ont eu principalement en « vue et qui fait la substance de la chose [1]. »

Si, au contraire, le crédi-rentier était averti, le contrat à titre onéreux sera invalidé pour faute d'objet, et, quoique cet objet ne soit pas entièrement nul comme dans le cas prévu par l'article 1974, parce qu'en droit presque rien doit être assimilé à rien.

Dans les deux cas la nullité est absolue, car le contrat manque d'un de ses éléments constitutifs.

L'article 1975 établit uniquement une règle d'interprétation qui met fin à quelques incertitudes de l'ancienne jurisprudence et enlève au juge le pouvoir discrétionnaire d'apprécier les cas où le contrat devait être annulé; mais ce pouvoir n'est pas entièrement anéanti, il n'est que limité. Si donc il résulte des termes du contrat, de la comparaison entre les valeurs transmises, d'une part; le montant de la rente viagère stipulée et les risques courus, d'autre part; que les parties ont entendu se soumettre à l'éventualité de la mort du constituant, survenue même dans les vingt jours de la date du contrat, leur volonté devra être sanctionnée.

L'article 1975 est une de ces présomptions, sur le fondement desquelles la loi annule un acte et qui ne sont pas susceptibles d'être combattues par la preuve contraire (art. 1352, C. civ.); mais ce n'est pas une disposition d'ordre public à laquelle les

---

[1] *Traité des obligations*, n° 18.

parties ne puissent pas déroger, une nullité qui ne soit pas couverte par une renonciation expresse, même anticipée, surtout lorsqu'il résulte de l'évaluation des valeurs transmises et des risques encourus qu'aucun des contractants n'a été lésé. Nous reconnaissons pourtant qu'en fait ces conditions se rencontreront rarement; car il n'est pas dans la pratique des hommes sérieux et honnêtes de stipuler sciemment et à titre onéreux des rentes viagères sur la tête de personnes dont la maladie est si près d'un dénouement fatal.

Si le malade a entendu sous cette forme assurer une libéralité à l'autre partie, la question est identique à celle que nous avons traitée précédemment; les motifs et les raisons de décider sont les mêmes et nous devons arriver aux mêmes solutions (1).

Les articles 1974 et 1975 prévoient uniquement l'hypothèse d'une constitution de rente viagère sur une seule tête. Que faut-il décider au cas où la rente viagère a été établie sur plusieurs têtes ?

Nous avons dit que ces deux articles ne sont que l'application, l'interprétation légale dans des espèces nettement déterminées des principes généraux placés au titre « des contrats ou des obligations conventionnelles en général. » En dehors de ces espèces, les principes généraux reprennent leur empire et l'interprétation doctrinale commence. Les diverses solutions que nous allons donner découlent entièrement de cette idée.

Remarquons tout d'abord que, pour supposer l'application de l'article 1974, il faut admettre absolument que les personnes dont l'existence est mise en question n'aient pas été présentes au contrat. Cette circonstance peut se présenter dans les espèces prévues aux articles 1971, § 2, et 1973 du Code civil.

____

(1) Voir Massé et Vergé, p. 27, n° 9.

Dans la première hypothèse, le tiers désigné n'ayant aucun droit de jouir de la rente, on décide généralement que sa présence au contrat n'est pas nécessaire. Dans la seconde hypothèse, il s'agit d'une stipulation pour autrui qui est valable, son nom l'indique, en l'absence du bénéficiaire. Nous verrons plus loin que le tiers doit accepter, mais cette acceptation n'est pas absolument concomitante au contrat principal.

Lorsque la rente est constituée sur la tête et au profit de la même personne, on peut encore admettre le décès de cette personne au jour du contrat, lorsqu'il a été passé par l'intermédiaire d'un mandataire. Ainsi, j'ai donné mandat de stipuler en mon nom et sur ma tête une rente viagère, en échange de valeurs déterminées, puis je meurs. Le constituant et le mandataire, ignorant cet événement, concluent le contrat. Cette convention, qui serait valable en vertu des articles 2008 et 2009 du Code civil, va tomber sous le coup de l'article 1974.

Nous sommes donc dans l'une ou l'autre de ces espèces, et deux personnes ont été désignées : l'une d'elles est âgée, infirme, atteinte d'une maladie grave, — ce que les contractants n'ignoraient pas — l'autre est jeune et bien portante. Au jour du contrat, la première était morte; le contrat sera-t-il annulé? Certainement non. Il serait difficile de soutenir que la disparition de cette existence presque brisée a atteint le contrat assez gravement dans son objet pour le faire annuler. En droit, l'aléa repose sur les deux têtes, mais, en fait, il repose entièrement sur la tête du plus jeune. On peut se demander alors pourquoi les parties ont pris soin de désigner deux personnes. Nous allons essayer de construire une hypothèse vraisemblable.

Un vieillard est à la veille de sa mort; il sait lui-même que le dénouement fatal est proche et désire gratifier une personne d'une rente viagère, tout en se ménageant les ressources suffisantes pour assurer son existence au cas très problématique

où il reviendrait à la santé. En cet état d'esprit, il donne mandat à un tiers d'aliéner tout son patrimoine, moyennant une
rente viagère constituée sur sa tête et réversible en entier sur
celle de la personne pour laquelle il a des intentions libérales.
Il meurt et le contrat est conclu après sa mort. Cette convention sera valable. En effet, d'une part, le constituant ne pourra
pas soutenir sérieusement qu'il a calculé les risques de l'opération sur la vie du vieillard mourant; d'autre part, le disposant
a entendu avant tout faire une libéralité à un tiers, et, s'il a
pris soin de stipuler la rente sur sa tête, c'est une précaution
extrême qui ne change en rien la nature du contrat.

L'intention libérale est la dominante de l'espèce que nous
avons construite. Il n'en serait plus de même si la rente viagère
avait été stipulée réversible pour une quote-part seulement sur
la tête du survivant. En effet, lorsque la rente constituée sur la
tête du disposant est supérieure à celle du tiers gratifié, l'obligation du constituant a manqué d'objet, au moins dans une certaine mesure, par suite de la mort du disposant au jour du contrat. Comme il est impossible de disséquer un contrat unique
dont toutes les parties sont si intimement liées, il doit être annulé pour le tout.

Dans la plupart des cas, si le crédi-rentier place son droit sur
la tête de plusieurs personnes, ce n'est pas pour assurer des
libéralités, mais pour augmenter la durée de la rente à son
profit. Car en admettant même que ces personnes soient de
même force et de même âge et que, d'après les présomptions
naturelles, elles doivent mourir le même jour, il est certain
que, plus le nombre des vies est grand, plus ces présomptions
ont des chances de fausseté. Si donc l'une de ces existences
était anéantie au jour du contrat, le crédi-rentier sera parfaitement recevable à soutenir que l'objet de sa créance est suffisamment altéré pour entraîner l'annulation du contrat. Il faut

donc dire, en thèse générale, que la mort de l'une des personnes désignées au jour de la convention, entraîne l'annulation du contrat; mais ce principe n'est pas absolu [1].

Nous allons supposer maintenant que l'une des personnes désignées est décédée, dans les vingt jours du contrat, de la maladie dont elle souffrait au jour de sa conclusion. L'article 1975 est-il applicable?

Deux systèmes sont en présence. L'un se prononce pour la négative, et l'autre pour l'affirmative. Le premier système a d'abord prévalu en jurisprudence et en doctrine. Il a trouvé son expression nette et précise, dans les considérants d'un jugement de Trévoux, du 16 décembre 1856, que nous allons rapporter *in extenso*, pour ne pas les affaiblir.

« Attendu que l'art. 1972 C. civ. permet d'établir une rente
« viagère sur plusieurs têtes et ne contient aucune exception à
« cette règle qui forme le droit commun en cette matière; que
« l'art. 1975, même Code, s'applique seulement et exclusive-
« ment au cas où la rente viagère n'a été créée que sur la tête
« d'une personne déjà atteinte lors du contrat de la maladie,
« dont elle est décédée dans les vingt jours de la date de ce
« contrat; que cette exception est basée sur le défaut absolu
« de la chance aléatoire et sur l'absence de toute espèce de
« cause dans l'hypothèse prévue; qu'elle ne peut pas être éten-
« due au delà des limites qui lui ont été tracées par la loi;
« attendu que les motifs qui ont déterminé les dispositions de
« l'art. 1975 ne peuvent s'appliquer à une rente créée sur
« plusieurs têtes, dont l'une est décédée dans les vingt jours du
« contrat, puisque la mort de l'un des crédi-rentiers, n'a pas
« détruit la chance aléatoire qui fait la base du contrat de la

---

(1) Voir dans le même sens, Pont, *Petits contrats;* Massé et Vergé, sur Zachariæ, t. V, p. 27, note 8.

« rente viagère, le constituant restant encore exposé à subir
« la rente pendant un temps dont la durée est incertaine; qu'il
« en résulte seulement que la chance aléatoire est diminuée;
« attendu, cependant, que suivant le sieur G, il faudrait au
« moins que les rentes viagères stipulées en faveur des époux
« B., eussent été déclarées réversibles en totalité sur la tête du
« survivant, pour que les contrats puissent produire leur effet,
« tandis que les deux rentes constituées ne sont réversibles
« qu'avec des réductions au profit du survivant; qu'il conclut
« de cette différence que les contrats sont modifiés dans leur
« essence et sont restés imparfaits; attendu, sur ce point, que
« la chance aléatoire d'un contrat de rente viagère ne consiste
« pas seulement dans le taux de la rente à servir, mais encore
« dans la durée du service de la rente; que s'il était vrai que
« toute diminution dans la chance aléatoire résultant du décès
« du crédi-rentier dans les vingt jours du contrat de rente via-
« gère avec réduction sur la tête du survivant dût influer sur la
« validité de la convention, la distinction serait dépourvue de
« motifs; qu'en effet, il est incontestable que, dans le cas d'une
« rente viagère créée sur plusieurs têtes, la chance aléatoire est
« diminuée, non seulement par suite de la réduction de la
« rente viagère, mais encore par suite du décès du premier
« mourant, considéré isolément et abstraction faite de toute
« réduction; qu'il faudrait donc dans ce système admettre que
« le contrat doit être annulé, dès l'instant que l'un des crédi-
« rentiers vient à mourir dans le délai de vingt jours de la
« maladie, dont il était atteint lors du contrat, soit qu'il y ait
« réduction, soit qu'il n'y en ait pas, puisque la chance aléatoire
« est diminuée dans tous les cas.

« Mais attendu qu'il est inexact de prétendre que le contrat
« de rente viagère devient inefficace dans le cas où la chance
« aléatoire est diminuée, mais non détruite; que la validité du

« contrat a été franchement reconnue par la Cour de cassation,
« dans son arrêt du 22 février 1820, etc., etc. »

L'arrêt de cassation cité par le tribunal et sur renvoi, l'arrêt
de la Cour de Grenoble, du 21 juin 1822, avaient été rendus
dans des espèces où la rente viagère était stipulée réversible
en entier sur la tête du survivant. Cette jurisprudence était
alors presque unanimement approuvée [1].

Ce jugement a étendu la solution au cas où la rente viagère
était réversible pour une quote-part seulement sur la tête du
survivant. Étant données les prémisses de son argumentation,
cette extension était parfaitement légitime.

L'article 1975 est une dérogation au droit commun, applicable, comme toutes les exceptions, dans l'espèce rigoureuse-
ment prévue. En dehors du cas visé par les textes, les juges,
pour apprécier la validité du contrat, doivent se reporter au
jour de sa conclusion. Si, à ce moment, le contrat présentait
un objet quelconque, un aléa, des risques à courir, les interprètes n'ont pas à en apprécier la valeur. La rente viagère
serait anéantie, le lendemain même de l'acte, et pour la presque
totalité, que le contrat n'en devrait pas moins être sanctionné;
et, dit-on, les parties n'ont pas à se plaindre, car ces risques
sont de l'essence même du contrat de rente viagère. La jurisprudence n'hésita pas à entrer dans cette voie, et dans le sens
du jugement rapporté, nous trouvons un arrêt de Bordeaux du
10 février 1857, un arrêt de Lyon du 1ᵉʳ juillet 1858 [2].

---

(1) Voir dans le même sens : Duranton, tome XVIII, nº 150; Troplong,
Contr. aléat., nº 275; Rolland de Villargues, *Rép. du not.*, voir *Rente viagère*, nº 40; le *Dict. du not.*, eod. vº, nº 49; Taulier, *Cours de Code civil*,
t. VI, nº 506; Mourlon, *Rép. écr.*, l'examen, p. 319; Zachariæ et ses anno-
tateurs, Massé et Vergé, tome V, § 747; nº 10, p. 27; Aubry et Rau, d'a-
près Zachariæ, t. III, § 388, texte et note 10; Pont, *Petits contrats*, nº 721.

(2) Sirey, 1859. 2. 163.

Un auteur, M. Dalloz [1], a tiré les dernières conséquences
de cette doctrine. Il suppose que les deux personnes désignées
sont mortes, dans les conditions prévues par l'article 1975;
et, même dans cette hypothèse, il refuse l'application de cet
article. Son argumentation est toujours la même. L'article 1975
est une mesure d'exception qui doit être interprétée restricti-
vement. Or, que les deux parties ou que l'une d'elles seulement
soient mortes dans le délai de vingt jours, le contrat était
aléatoire dans le principe; il doit être validé. Ces solutions
paraissent logiquement déduites, mais le résultat est si étrange
que l'on s'est mis instinctivement en garde contre les principes
d'où elles découlent. De là est né le second système.

Au cours de l'année 1865, la question se présenta, presque
en même temps, devant deux chambres de la Cour de Paris;
un arrêt du 23 mai 1865 confirma l'ancienne jurisprudence,
l'autre arrêt, du 23 mars 1865, jugea en sens contraire, et nous
n'hésitons pas à approuver sa doctrine.

En effet, dit M. Labbé dans une note sous les deux arrêts
cités, « quand, de plusieurs têtes sur lesquelles la rente était
« constituée, l'une est détruite par une cause qui préexistait au
« contrat et qui éclate peu de temps après. Sans doute, il y a
« encore dans la vie des survivants assez de chance pour être
« la base d'une rente viagère; mais la chance a-t-elle été
« courue, comme elle avait été considérée par les parties au
« moment du contrat? Non. Toutes les chances de durée que
« les parties ont pesées, appréciées, ont-elles été réelles? Non.
« Le contrat qui consiste dans une estimation des chances à
« courir est vicié dans sa substance, il doit être annulé, » et
nous ajouterons, sinon en vertu de l'article 1975, du moins en
vertu de l'article 1108.

(1) *Répertoire*, v° *Rente*, n° 9, 572.

Mais, nous dira-t-on, vous ouvrez la porte aux incertitudes, à l'arbitraire, or, l'article 1975 a eu pour but de tarir dans la source tous les procès que cette question avait soulevés dans l'ancienne jurisprudence. Il n'est pas impossible de répondre à cette objection. Tout d'abord, il est de principe que les décisions d'espèce ne dérogent aux décisions générales, que dans la mesure exacte où elles sont rendues. Or, si les rédacteurs du Code avaient entendu anéantir le pouvoir d'appréciation du juge et non le limiter, comme nous le prétendons ; ils n'auraient pas manqué de s'en expliquer formellement, par un renvoi aux principes généraux de la matière ou par l'emploi d'une formule privative telle que « les contrats de rente viagère, ne seront annulés que dans le cas où..... » Au lieu de cela, ils ont dit : « les contrats de rente viagère ne produiront aucun effet dans le cas où....., » et les partisans du premier système reconnaissent généralement qu'il faut étendre cette décision dans l'hypothèse où les deux personnes désignées sont décédées dans le délai fixé. En donnant ainsi au texte une certaine élasticité, toute leur argumentation s'écroule.

Nous répétons donc que l'article 1975 n'est qu'un texte interprétatif des dispositions plus générales du titre des obligations. Cette interprétation ne lie le juge que dans l'espèce prévue, mais partout et toujours elle doit lui servir de guide. Ainsi, beaucoup de bons esprits regrettent que le législateur ait fixé un délai aussi court; car, il est certaines affections chroniques, même certaines maladies aiguës, dont la durée se prolonge au delà de vingt jours, et, dont l'issue est cependant nécessairement fatale. M. Delvincourt même va plus loin (t. III, p. 425, note 9), il aurait désiré voir le contrat annulé dans tous les cas où la maladie existait au jour de sa conclusion. Un juge, qui partagerait cette manière de voir, ne pourrait pas, en vertu de l'article 1108 et de son pouvoir d'appréciation, annuler un contrat de rente viagère constituée sur deux têtes, dont l'une serait morte après le délai de vingt jours. En effet, si le contrat sur une seule tête est validé même lorsque le décès survient le vingt et unième jour après sa conclusion, *à fortiori*, il doit en être de même, lorsque le droit du crédi-rentier n'est pas entièrement annulé et qu'il se perpétue sur la tête d'une autre personne.

Mais par contre, si le décès de l'une des personnes survient le dixième jour et que nous nous trouvions notamment dans l'une des hypothèses que nous avons construites, en commentant l'article 1974, nous reconnaissons au juge, en vertu de son pouvoir d'appréciation, le droit de maintenir le contrat.

L'arrêt de la Cour de Paris du 23 mars 1865 a été le signal d'un revirement dans la jurisprudence et nous trouvons dans le sens de notre opinion un arrêt de la Cour de Bordeaux du 16 août 1872 (1).

Nous avons admis tout à l'heure incidemment que la présence au contrat des personnes désignées n'était pas absolument nécessaire, lorsque leurs existences étaient prises uniquement comme termes de durée et qu'elles n'étaient pas appelées à en recueillir le bénéfice. Cette proposition, que nous avons acceptée comme démontrée, n'est pas formellement écrite dans les articles 1971 et 1972, qui sont le siège de la matière; mais elle est généralement adoptée (2).

En pratique, la rente est constituée habituellement sur la tête de la personne qui est appelée à en recueillir le bénéfice : « l'usage le plus constant, dit le tribun Duveyrier, est que la « rente viagère soit constituée sur la tête de celui qui l'acquiert :

---

(1) *Journal Pal.*, 1873, p. 102. Voir dans le même sens la note de M. Labbé (*Journal Pal.*, 1863, p. 1219).

(2) Voir en ce sens M. Pont, *Petits contrats*, n° 687. En sens contraire, Massé et Vergé, sur Zachariæ, t. 5, p. 26, note 7.

« et qui en paie le prix. C'est la conséquence naturelle de son
« objet d'être attachée à la vie même qu'elle est chargée d'en-
« tretenir. » Aussi, la jurisprudence n'a jamais eu, à notre
connaissance, à se décider sur la question. Mais, en retour, on
a fréquemment soutenu devant les tribunaux la nullité des
assurances sur la vie d'autrui et les raisons de décider sont
identiques.

On a fait remarquer, et ces considérations peuvent parfaitement s'appliquer à notre contrat, que l'assurance sur la vie
d'autrui suscite des désirs ou des intérêts dans le sens de l'a-
bréviation de la vie du tiers désigné. L'assurance, dans de
telles circonstances, renferme un *votum mortis*. C'est une spéculation, un pari sur la vie humaine, spéculation dans laquelle
est impliqué le désir d'une mort prompte et qui doit être ré-
prouvée comme immorale [1].

Ces dangers ont ému certains législateurs qui ont pris des
mesures pour restreindre le contrat incriminé. C'est ainsi que
la loi belge du 11 juin 1874 décide que « l'assurance sur la vie
« d'un tiers est nulle, s'il est établi que le contractant n'avait
« aucun intérêt à l'existence de ce tiers [2]. »

La jurisprudence anglaise a varié sur la question. Sous
George III, l'assurance sur la vie d'autrui s'était multipliée et
avait donné lieu à des abus scandaleux. Pour y remédier, la
nécessité d'un intérêt à la vie du tiers fut exigée par les lois
anglaises. Mais on est revenu plus tard de cette rigueur [3].

En France, nous trouvons un avis du Conseil d'Etat de 1818
et une ordonnance royale du 12 juillet 1820, dont la doctrine

(1) V. M. de Courcy, *Précis des assurances sur la vie*, p. 86.

(2) V. M. Namur, *C. comm. rev.*, t. 3, p. 97, art. 41.

(3) V. M. Léveillé. Note jointe à la réponse à une brochure de M. de
Courcy, *Assurance et loterie*; Vibert, *Assur. sur la vie*, p. 69 et suiv.; Herbault, *Assur. sur la vie*, nos 46, 54.

se résume ainsi : « L'assurance sur la vie peut être autorisée,
« mais il ne doit pas être permis d'assurer sur la vie d'autrui
« sans son consentement. » Mais la jurisprudence est dans le
sens de l'opinion libérale qui a prévalu en Angleterre [1], et
cette jurisprudence doit être approuvée. Sans doute, il répugne
à notre conscience de valider des conventions qui peuvent ren-
fermer des incitations au crime. Mais, si l'on cédait à ces
craintes, il existe une foule d'autres conventions, d'un usage
journalier et universellement admis, qu'il faudrait également
annuler. Ainsi, j'acquiers une nue-propriété grevée d'usufruit
au profit d'une personne actuellement vivante. Évidemment, le
contrat, que je viens de conclure, va créer pour moi un intérêt
à la mort de cette personne, et pourtant personne n'a songé à
en demander l'annulation. S'il fallait prendre en considération
ces scrupules, les relations de famille elles-mêmes devraient
être abolies, car elles impliquent des droits à la succession
d'êtres vivants et, par suite, peuvent susciter des convoitises
immorales. En un mot, cette argumentation ne prouve rien,
parce qu'elle prouve trop.

En notre matière, nous avons d'autres raisons de décider :
des raisons de texte. L'article 1971 décide que la rente viagère
peut être constituée sur la tête d'un tiers qui n'a aucun droit
d'en jouir.

Or, en principe, les contrats sont conclus, débattus entre les
parties qui ont un intérêt à défendre; qui viennent stipuler ou
promettre; par suite, le tiers désigné qui ne recueille aucun
bénéfice n'a pas à intervenir. Pour décider en sens contraire,
il faudrait une exception formellement exprimée, et le texte est
muet sur la question.

(1) Arrêts de Limoges, 2 déc. 1836, S. 1837. 2. 182; C. de Paris, 13 déc.
1851; et Cass., 14 déc. 1853, S. 1854. 1. 114.

La rente viagère peut donc être constituée sur la vie d'une ou de plusieurs personnes présentes ou non au contrat; mais, dans tous les cas, cette rente viagère forme une valeur unique, un être moral parfaitement distinct des arrérages qu'il produit et qui pourront être touchés par divers ayants-droit.

Pothier, il est vrai, n'admettait pas cette idée, ce dédoublement de la créance elle-même et des arrérages, mais il convient que la doctrine contraire tendait à prévaloir dans l'ancienne jurisprudence (1), et cette doctrine a été adoptée par le Code civil. Les articles 584, 588, 610 et 1401-2° nous parlent d'arrérages de la rente viagère et les attribuent en entier à l'usufruitier; c'est donc que le Code civil a fait de la rente elle-même un bien incorporel dont les arrérages ne sont que les fruits et qui, par suite de leur nature de fruits, appartiennent pour le tout à l'usufruitier.

On trouve, au surplus, une décision à peu près semblable dans la loi 7, § 2, *De jure dotium*. Il s'agit d'un usufruit qui a été donné en dot, et le jurisconsulte se demande si les fruits perçus pendant le mariage devront être rendus, lors de sa dissolution. Il décide que le droit d'usufruit seul doit être rendu : *Jus ipsum in dote esse, non etiam fructus qui consumpti sunt.*

De là, il résulte incontestablement, quoi qu'en ait dit Toullier (2), que lorsqu'un crédi-rentier se marie sous le régime de la communauté légale, la rente viagère tombe d'une manière définitive dans la communauté, à la dissolution de laquelle elle doit être partagée entre l'époux qui l'a apportée et les héritiers de l'époux prédécédé.

De là, il résulte encore que, lorsque la rente viagère est constituée, avec les deniers de la communauté, sur la tête des

(1) C^{at} de c^{on} de rente, n° 249.
(2) Tome XII, n° 10.

époux et du survivant d'eux, les arrérages perçus après la mort de l'époux prédécédé dépendent encore de cette communauté.

Nous reviendrons du reste sur cette question, quand nous étudierons les rapports des constitutions de rentes viagères avec les sociétés conjugales.

SECTION DEUXIÈME.

DES CRÉDI-RENTIERS.

Sommaire.

Quels sont les bénéficiaires de la rente viagère dans le silence du contrat? — Des rentes stipulées réversibles en totalité ou en partie sur la tête de l'un des crédi-rentiers, impropriété de cette expression et sens qu'on lui donne dans la pratique.

Nous venons d'étudier le contrat de rente viagère dans ses formes, dans l'objet de ses prestations et dans leur durée. Nous connaissons ainsi les obligations du constituant, il nous reste maintenant à analyser celle des crédi-rentiers, les rapports de droit qu'elles font naître entre eux et entre eux et les débi-rentiers.

Article 1971 : « La rente viagère peut être constituée soit « sur la tête de celui qui en fournit le prix, soit sur la tête d'un « tiers qui n'a aucun droit d'en jouir. »

Le contrat de rente viagère doit, nous l'avons vu, toujours contenir l'indication d'une personne dont la vie détermine la durée de la rente. Cette indication étant suffisante, il peut arriver qu'elle se trouve seule, que les parties ne prennent pas soin d'indiquer, en outre, au profit de qui la rente est constituée. Quel en sera le bénéficiaire? Il n'y a pas de réponse absolue, pas de critérium net et précis pour l'interprète. C'est une question d'espèce.

La rente viagère court et s'éteint avec la vie d'une personne. Son expression la plus ordinaire et la plus morale est la pension alimentaire. Presque toujours, le crédi-rentier ne fait pas une spéculation, il ne contracte pas pour accumuler des arrérages, mais pour les consommer, pour satisfaire à des besoins qui sont au-dessus des facultés normales de son patrimoine. A son décès, ces nécessités s'évanouissent avec lui, les ressources corrélatives doivent également disparaître. Il est donc de la nature, sinon de l'essence de la rente viagère, qu'elle soit créée sur la tête de celui qui doit en jouir; de même qu'un habit doit appartenir à la personne pour laquelle il a été fait (qu'on veuille bien nous pardonner cette image un peu vulgaire). Cette présomption de propriété est très légitime; toutefois, elle peut être combattue par des présomptions en sens contraire qui ont aussi une valeur appréciable.

Ainsi, j'ai créé avec mes deniers une rente viagère sur la tête d'un tiers, sans autre indication, à qui appartiendra cette rente viagère? Il est permis d'hésiter. Si le principe que nous venons d'exposer est vrai, il est non moins certain que les libéralités ne se présument pas. La question s'est présentée en jurisprudence.

En 1838 et en 1840, une dame L. avait constitué sur la tête des époux X, mariés sous le régime de la communauté, une rente viagère, l'une de 1,500 fr. réductible à 1,300 fr. au décès du prémourant, la seconde de 2,500 fr. aussi réductible à 2,300 fr. moyennant la somme de 53,333 fr. qui avait été fournie par la communauté des époux X.

Le mari survivant prétendait recueillir le bénéfice de la rente viagère, réduite dans les termes du contrat, à l'exclusion des héritiers de sa femme, et il ajoutait que cette attribution résultait suffisamment de la clause par laquelle les arrérages de la rente étaient réduits au décès du prémourant. Sans doute, cette réduction était un lien de plus entre le droit à la rente et la personne dont la vie servait de terme ; mais cette idée n'a pu prévaloir contre l'idée contraire, qui attribue le bénéfice d'un contrat à celui qui en supporte les charges. Dans l'espèce, les valeurs avaient été tirées de la communauté : à elle, devait revenir la rente viagère, leur contre-partie, et c'est ainsi que la Cour de Paris a jugé dans son arrêt du 19 février 1864 (*Journ. Palais*, 1865, p. 85) [1].

Dans l'espèce que nous avons rapportée plus haut et qui a donné lieu à un arrêt de la Cour de Paris du 14 mars 1864, il s'agissait d'une rente viagère constituée, par testament, sur la tête d'une personne et, après elle, sur celle de ses enfants légitimes nés et à naître. Accorder directement aux enfants le bénéfice de cette disposition, c'était l'annuler, puisque les légataires n'étaient pas existants au jour du décès du testateur et, par suite, étaient incapables de recueillir une libéralité testamentaire. La Cour, en vertu du principe que les dispositions d'un acte doivent toujours être interprétées dans le sens où elles doivent avoir un effet, plutôt que dans le sens où elles n'en auraient aucun, décida que la rente viagère avait été léguée uniquement au père, mais étendue dans ses effets, jusqu'au décès de tous ses enfants.

Des considérations d'ordre très divers, nous le voyons donc, peuvent dicter des interprétations qui seront souvent en désaccord avec la volonté non exprimée des contractants. Ils ne sau-

---

(1) Voir dans le même sens un arrêt de la Cour de Poitiers du 1er août 1872 (*Journ. Palais*, 1872, p. 905).

M. D.

8

raient donc avec trop de netteté manifester sur ce point leurs intentions.

Une des formules le plus souvent employées est celle-ci : la rente viagère constituée sur la tête et au profit de X..., sera réversible en totalité ou en partie sur la tête de Y..., et la « réversion des rentes viagères, » la « réversibilité des rentes viagères » sont apparues dans la terminologie juridique, de même que la « réversion d'usufruit et de propriété. » Ces expressions, pour être universellement employées, n'en sont pas moins souvent inexactes. Elles impliquent (du latin, *reverto* ou *revertor*, revenir ou retourner), une idée de transmission, de mutation, de déplacement de valeurs. Or, nous comprenons parfaitement que le droit de propriété, qui est perpétuel de sa nature, soit transmissible d'une personne à une autre, réversible d'une tête sur une autre. Mais nous nous expliquons plus difficilement qu'un droit d'usufruit, qui, par essence est limité à la vie de l'usufruitier, qu'une rente viagère, qui s'éteint avec l'existence humaine, soient considérés comme transmis à une autre personne, au jour du décès, au jour de l'événement qui les anéantit. La vérité est qu'un droit d'usufruit a succédé à un autre droit d'usufruit, que les arrérages d'une créance de rente viagère, touchés d'abord par X..., le seront désormais par Y..., et qu'une transformation s'est opérée. Mais le nouveau crédi-rentier, le nouvel usufruitier ne sont pas les ayants-cause à titre particulier de ceux qui les ont précédés : par suite, il est impossible de considérer cette transformation, comme une mutation, comme une réversion dans le sens étymologique du mot.

Nous trouvons dans la pratique juridique de nombreux rapports de droit qui sont ainsi qualifiés dans une langue peu scientifique. Toutefois, ces expressions ont toujours le mérite de la concision et, pour éviter des longueurs, on les adopte généralement.

La rente viagère est donc constituée sur la tête et au profit de plusieurs personnes. Le contrat déterminera, la plupart du temps, dans quelle mesure chacune de ces personnes en profitera : Par exemple tous les ayants-droit devront en jouir conjointement, s'en partager les bénéfices durant toute leur vie, au décès de l'un d'eux, une clause de réversibilité assurera en totalité ou partiellement aux survivants l'accroissement résultant des extinctions; ou bien, la rente viagère, divisée à son principe entre tous les bénéficiaires, restera toujours divisée jusqu'à l'arrivée du terme fixé, et se résoudra ainsi en plusieurs créances différentes, placées sur des têtes différentes, ayant des destinées différentes. Toutes ces combinaisons sont possibles, sont licites et la volonté des parties, nettement exprimée, devra toujours être validée; mais, que décider lorsque le contrat sera muet sur ce point?

Il est d'abord un premier cas, sur lequel tous les auteurs sont d'accord, dit M. Pont [1] : « Une rente viagère a été constituée « sur la tête de deux ou plusieurs personnes restées étrangères « au contrat et qui ne doivent en retirer aucun profit. Il est « manifeste que la rente doit, à moins de déclaration contraire « dans l'acte, subsister entière jusqu'au décès du dernier mou- « rant. Le créancier a voulu, par cette combinaison, diminuer « les chances d'extinction de la rente, et non pas scinder le « contrat dans ses effets à la mort de l'une des personnes. Il y « a là une seule rente, dont l'extinction est subordonnée pour « le tout à une condition copulative : il faut que tous les faits « compris dans la condition soient réalisés, pour qu'on puisse « réputer la condition accomplie. »

Mais en est-il de même, quand les valeurs sont fournies en commun par les ayants-droit? Prenons des espèces. X a un

(1) *Traité des petits contrats*, n° 690.

immeuble d'une valeur vénale de 100,000 francs, Y, un autre immeuble d'une valeur vénale de 50,000 francs. X et Y vendent ces deux immeubles à un tiers, moyennant un prix unique de 150,000 francs, sans attribution de part à chacun d'eux. Dans quelle mesure, X et Y vont-ils en profiter? Évidemment X devra prélever 100,000 francs et Y 50,000 francs.

Sauf le cas de libéralité qui ne se présume jamais, le prix devra être partagé entre eux proportionnellement à la valeur des immeubles aliénés, valeur qui sera déterminée par une expertise, s'il y a contestation.

Changeons légèrement l'hypothèse et supposons que le prix consiste en une rente viagère de 8,000 francs constituée sur la tête de X et Y, sans autre indication.

Au premier examen, nous sommes tenté d'appliquer le même procédé de ventilation et de partager les arrérages de la rente viagère entre X et Y, entre les héritiers du prédécédé et le survivant, dans les proportions indiquées. Ce procédé imité des règles qui régissent les sociétés, ce partage des bénéfices proportionnellement aux apports, satisfait entièrement l'équité et la raison; mais, il ne tient aucun compte du caractère éminemment aléatoire qui appartient à la rente viagère. Il laisse entièrement de côté le sous-contrat à titre onéreux qui, ainsi que nous le démontrerons plus loin, a pu intervenir entre X et Y.

Tout d'abord, il importe de repousser toute assimilation avec le contrat de société, car la rente viagère constituée sur plusieurs têtes, en échange de valeurs communes, n'est qu'une simple indivision.

La société implique l'union productive des capitaux, la réunion d'efforts divers vers un but commun : pour réaliser des bénéfices. Les associés s'unissent pour produire, les indivisaires subissent un rapport de droit, une nécessité. Dans le pacte social, les contractants prévoient un ensemble d'opérations, mais les détails sont laissés à l'activité, à l'industrie de chacun ou d'un gérant; dans l'indivision, au contraire, tout est contenu explicitement dans le fait juridique qui lui a donné naissance. C'est ainsi que l'on décide généralement que l'un des crédi-rentiers n'a pas même la faculté de toucher en qualité d'*adjectus solutionis gratiâ* les arrérages qui appartiennent à l'autre crédi-rentier. Aucune des règles qui régissent les sociétés n'est donc ici applicable.

Or, si la rente créée au profit de deux personnes ne constitue pas une société entre ces deux personnes, si, d'autre part, en raison de la difficulté matérielle d'apprécier la valeur d'un aléa, il est dangereux de s'arrêter à des proportionnalités, à des divisions que les parties n'ont pas faites; il ne nous reste plus que cette règle : quand une chose divisible est due à deux personnes sans solidarité, la créance se divise de plein droit en deux parties égales, qui sont attribuées à chacune d'elles. Cette règle peut être appliquée à notre contrat sans blesser l'équité.

Pour le démontrer, nous allons essayer, au préalable, d'établir que, dans le silence du contrat, le bénéfice de la rente devra être attribué entièrement au survivant.

La durée est l'élément vital de la rente viagère; or, nous l'avons vu, les chances de durée augmentent avec le nombre des crédi-rentiers. Par suite, une rente qui doit être servie pendant deux existences coûtera toujours plus cher qu'une rente qui s'éteindrait avec l'une de ces existences.

Si donc deux personnes veulent uniquement transformer un capital fixe en rente viagère à leur profit, elles seraient très mal inspirées de confondre leurs deniers et de stipuler une rente unique sur leurs deux têtes; car cette rente sera toujours inférieure au montant des rentes qu'elles auraient obtenues, en stipulant séparément. Pour bien nous rendre compte de ces différences, ouvrons les tarifs des compagnies d'assurances sur la vie. X est âgé de cinquante ans; il traite seul avec la compagnie : il obtiendra une rente de 7,14 p. 0/0 du capital engagé; il traite avec Y, qui est âgé de soixante ans, le taux de la rente s'abaissera à 6,42 p. 0/0. De son côté, Y traite seul avec la même compagnie, le taux de la rente sera de 9,02 p. 0/0; de concert avec X, il sera comme précédemment de 6,42 p. 0/0.

Il paraît donc avéré que X et Y, pendant toute la durée de leur existence commune, toucheront des arrérages qui, additionnés, seront inférieurs à ceux qu'ils auraient pu obtenir en contractant séparément avec la compagnie. Si l'on partage ces arrérages entre eux proportionnellement aux valeurs engagées, la spéculation a été mauvaise pour l'un et pour l'autre. Si, au contraire, on les partage par portions viriles, par moitié, et si l'apport de Y est inférieur à celui de X, il peut se faire, malgré la différence des taux, que Y recueille une part de rente supérieure à celle qu'il aurait obtenue en échange des valeurs à lui personnelles. Mais nous estimons que ce bénéfice à réaliser par Y n'est pas suffisant pour expliquer la forme employée par les parties. En effet, au moyen de contrats accessoires, en sous-ordre, entièrement en dehors de la compagnie, il aurait été loisible à X d'assurer à Y un avantage supérieur, sans qu'il ne lui en coûte rien de plus.

Les rentes viagères ne sont incessibles que lorsqu'elles ont été créées à titre gratuit (art. 1981, C. civ.) et chacun des crédirentiers pourra transmettre à l'autre pour moitié le bénéfice du contrat qu'il a fait séparément avec la compagnie; de telle sorte que Y, recevant la moitié de la rente constituée sur la tête de X et transmettant à ce dernier la moitié de la rente créée sur sa tête, aura en définitive, pendant toute la durée de l'existence de X, un avantage supérieur à celui qu'il aurait obtenu en prélevant la moitié de la rente créée sur deux têtes.

En écartant *à priori* l'idée d'une libéralité au profit de la compagnie, il faut chercher ailleurs la raison d'être du contrat que nous étudions.

Supposons donc que l'un des crédi-rentiers vient à mourir :

1° Si la rente a été et reste partagée proportionnellement aux apports. Les difficultés sont les mêmes ; nous n'avons rien à changer à l'argumentation qui précède.

2° Si, au contraire, la rente subsiste pour moitié sur la tête du survivant, nous avons, il est vrai, un résultat que nous n'aurions pas pu obtenir avec les combinaisons indiquées. Pourtant, nous ne croyons pas encore être arrivé à une saine interprétation de la volonté des parties.

En effet, tout contrat doit être présumé à titre onéreux pour toutes les parties qui y figurent en stipulant et en promettant. Dans notre espèce, X et Y ont stipulé une rente viagère qu'il s'agit d'attribuer ; en retour, ils ont aliéné chacun diverses valeurs, c'est par exemple 100,000 francs pour X et 80,000 francs pour Y et Y a 50 ans, X 60 ans.

Supposons que la rente ne subsiste que pour moitié sur la tête du survivant et reprenons les tarifs des compagnies d'assurances. X aura droit, quoi qu'il arrive, à une rente viagère calculée au taux de 6,42 p. 0/0 sur 90,000 francs ; s'il ne s'était pas adjoint Y, il aurait pu obtenir une rente viagère calculée au taux de 9,02 sur 100,000 francs. Alors, à quoi lui sert cette adjonction ? Quel but poursuit-il ? Peut-être entend-il faire une libéralité à Y. Mais, nous l'avons dit, les libéralités ne se présument pas. X et Y se sont réunis pour stipuler une rente viagère unique ; tous les deux, ils ont déboursé ; tous les deux, ils doivent trouver un bénéfice certain ou aléatoire dans cette communauté d'intérêts. Or, si la rente reste toujours divisée entre les parties, X a fait certainement un marché de dupe. Cette interprétation est inadmissible.

Il ne nous reste donc plus qu'une alternative, c'est d'attribuer au survivant le bénéfice entier du contrat. Alors X lui-même trouvera, dans l'espérance de survivre, la contre-partie des sacrifices qu'il s'est imposés. L'existence de cet aléa suffit pour justifier à la fois et la divisibilité par portions viriles, pendant l'existence commune, et la réversibilité entière sur la tête du survivant.

Nous ajouterons que cette solution découle des principes généraux de la matière. Nous avons établi que la rente viagère appartient à la personne sur la tête de qui elle est placée, sauf les cas où le contraire est formellement exprimé, où les deniers sont fournis par une autre personne. Or, une rente constituée sur plusieurs têtes est tout autre que deux rentes moitié moindres, sur deux têtes séparées; sans quoi, il aurait été parfaitement inutile de les classer à part dans l'article 1972. Une rente sur plusieurs têtes est une rente qui doit être servie intégralement durant plusieurs existences et, en vertu des principes rappelés, à chaque période de son existence, elle doit appartenir aux personnes sur la tête de qui elle repose, c'est-à-dire au survivant.

Ces conséquences des principes généraux sont admises par la jurisprudence et la majorité des auteurs [1].

Cette discussion n'a pas un grand intérêt pratique. En fait, les parties omettront rarement de s'expliquer sur ce point. Mais elle nous a permis de mettre en pleine lumière le mécanisme de notre contrat à toutes ses phases. Ainsi nous savons maintenant au profit de qui la rente peut être constituée; malgré le silence du contrat, nous pourrons en déterminer les bénéficiaires. Nous

---

[1] Pothier, n° 242; Massé et Vergé, sur Zachariæ, t. V, p. 26, note 7; Taulier, t. VI, p. 503; Troplong, n° 245; Aubry et Rau, 4ᵉ édit., tome IV, p. 589, note 2. — Voy. Décr. 18 janvier 1830, S. V. 30. 1. 142; Dalloz, 30. 1. 79. En sens contraire, Duranton, n° 134. Comp. MM. Mourlon, t. III, p. 411; Delvincourt, texte, p. 206.

connaissons tous les acteurs de notre rapport de droit : d'un
côté, le débi-rentier et ses obligations; de l'autre, les crédi-
rentiers.

~ Il nous reste à étudier les diverses combinaisons employées
par ces derniers.

§ I.

Les valeurs ont été fournies par un seul des crédi-rentiers.

Sommaire :

De la stipulation pour autrui (art. 1973); — De l'acceptation par le tiers
désigné et de ses effets; — Système de la jurisprudence et critique de
ce système; — Dans certains cas, cette stipulation pour autrui ne peut-
elle pas constituer une disposition testamentaire ou une gestion d'affaires? Conséquences.

Article 1973 : « La rente viagère peut être constituée au
« profit d'un tiers, quoique le prix en soit fourni par une autre
« personne. »
Cette forme de la stipulation pour autrui est fréquemment
employée dans les contrats sur plusieurs têtes, pour tempérer
la rigueur de certains effets de la rente viagère. Ces aliénations
à fonds perdu sont très avantageuses pour le disposant, mais
elles ruinent entièrement les espérances des personnes qui ont
un droit éventuel à sa succession. Ces espérances peuvent être
légitimes et beaucoup d'hommes en ont conscience. Aussi la
pratique des affaires nous présente-t-elle constamment des
rentes viagères constituées au profit de deux frères, d'un père
et d'un fils, de deux époux, bien que les fonds n'aient été fournis
que par l'un d'eux. Alors le contrat est à double effet : d'un
côté, il élargit les ressources du parent fortuné et, de l'autre, il
satisfait aux obligations morales qui naissent de l'alliance et des

liens du sang. Dans cette combinaison, les générations à venir sont certainement un peu oubliées, mais il ne faut pas trop exiger de la prévoyance et des affections humaines.

Les formes de stipulations pour autrui le plus fréquemment employées sont les suivantes :

1° L'hypothèse prévue au texte. X constitue une rente sur la tête de Y, moyennant un capital qui lui est propre.

2° X constitue sur sa tête et à son profit une rente viagère qui, au jour de son décès, sera réversible en totalité sur la tête de Y.

3° X et Y constituent sur leurs têtes et à leur profit une rente viagère qui sera réversible en entier sur la tête du survivant.

Dans ces deux dernières hypothèses, nous supposons, bien entendu, que les fonds ont été fournis par X seul.

La première hypothèse nous fournit un exemple de stipulation pour autrui par excellence et le stipulant ne paraît avoir aucun intérêt personnel à l'exécution du contrat. On peut donc se demander si l'article 1973 n'est pas dérogatoire à l'article 1121, qui ne permet de stipuler pour un tiers que lorsque telle est la condition d'une stipulation que l'on fait pour soi-même.

Pour résoudre cette question et toutes celles que nous allons examiner par la suite, il nous paraît nécessaire de remonter jusqu'au titre III du Code civil et de faire un commentaire succinct des articles 1119, 1120, 1121, siège de la matière.

Article 1119 : « On ne peut, en général, s'engager ou stipuler en son nom que pour soi-même. » Ce texte est assez divinatoire. Certes, il est concis comme une sentence, mais la langue juridique est une de celles qui s'accommodent assez bien des répétitions et des longueurs, lorsque la clarté en est le prix.

Nous croyons interpréter la pensée des rédacteurs du Code en disant que, toutes les fois qu'on agit, non comme représentant d'une autre personne, mais pour son propre compte, on ne peut, en général, sauf les cas exceptionnels, ni s'engager pour autrui, ni stipuler pour autrui.

Ainsi, pour prendre une hypothèse vraisemblable, moi, Pierre, je crois être le mandataire de Paul à l'effet de vendre, et je vends à Jacques la maison de Paul. Or, le mandat n'existait pas, et plus tard, je reconnais mon erreur. Ma promesse ne sera pas valable, même comme promesse pour autrui, car je n'ai pas entendu m'obliger moi-même. Mais si j'ai promis de faire en sorte que Paul vous vendît sa maison, je suis obligé : c'est l'exception prévue par l'article 1120.

« Néanmoins, on peut se porter fort pour un tiers, en pro-
« mettant le fait de celui-ci; sauf l'indemnité contre celui qui
« s'est porté fort ou qui a promis de faire ratifier, si le tiers
« refuse de tenir l'engagement. » Je me porte fort pour un tiers, lorsque je m'oblige à faire en sorte que ce tiers exécute telle chose. Cette obligation est parfaitement licite. Sans doute, le stipulant ne pourra pas contraindre le tiers à exécuter la promesse que je lui ait faite. Mais s'il a un intérêt matériel à l'exécution de cette obligation, si, par exemple, il en a acquis le bénéfice au moyen de valeurs qu'il m'a transmises, il pourra se retourner contre moi promettant, et exiger des dommages-intérêts à évaluer. Dans tous les cas, le stipulant devra justifier d'un intérêt matériel à l'exécution de l'obligation; car, sans intérêt pas d'action.

Ainsi, lorsque je stipule de vous, que vous fournirez à Pierre diverses prestations périodiques. Sous cette forme simple et dégagée de toutes autres circonstances, je n'ai évidemment aucun intérêt dans la stipulation, et, par suite, je ne serai pas recevable à vous contraindre d'exécuter, c'est en vue de cette hypothèse que dispose l'article 1119. Mais si, en raison de cette stipulation, je me suis engagé de mon côté à vous fournir 100 et que vous n'exécutiez pas, je pourrai exiger une réparation.

En effet, je n'obtiendrai rien directement et ouvertement de l'exécution du contrat; mais, comme toute obligation doit avoir une cause réelle ou supposée, il faut nécessairement admettre qu'il est intervenu entre moi et la tierce personne désignée un contrat en sous-ordre qui m'assure un avantage matériel en échange des valeurs que j'ai aliénées, ou que j'ai uniquement l'intention de gratifier cette tierce personne. Ces deux alternatives, satisfaction matérielle ou satisfaction morale, suffisent pour justifier mon action dans toutes les hypothèses.

L'article 1121 fait l'application de ces données à deux cas déterminés, lorsque la stipulation pour autrui est la condition d'une stipulation que l'on fait pour soi-même ou d'une donation que l'on fait à un autre. Nous estimons que ces dispositions ne sont que le corollaire d'un principe que nous énoncerons ainsi : on peut stipuler ou promettre pour autrui, toutes les fois que l'obligation du débiteur est susceptible en cas d'inexécution de se résoudre en dommages-intérêts.

Ce qui n'est pas possible dans les obligations d'une nature spéciale qui impliquent des devoirs de gratitude et de condescendance essentiellement attachés à la personne et qui ne sont pas susceptibles d'être converties en argent, par exemple : les obligations du donataire envers le donateur. Ainsi la donation d'un meuble, d'un immeuble, ne peut pas être acceptée valablement par un porte fort du donataire; car si le donataire ne ratifiait pas, le donateur ne pourrait avoir aucune action contre le porte fort.

La question a été fréquemment tranchée en jurisprudence en matière de dons manuels. Dans une espèce où un moribond avait confié à son notaire une montre et des boucles pour en faire la remise à une personne désignée. Cette remise n'ayant eu lieu qu'après le décès du donateur fut cependant reconnue comme constituant un don manuel valable (Cass., 12 déc. 1815, S. 16. 1. 322). « Attendu qu'il y a eu tradition réelle de la « montre et des boucles, quoique les donataires n'en aient été « personnellement saisis que depuis le décès du donateur, puis- « que le donateur s'en était réellement dessaisi et que le notaire « J. avait accepté lesdits objets pour les donataires. »

C'était dire en d'autres termes que le tiers intermédiaire doit être regardé comme remplissant deux rôles essentiellement distincts; celui d'abord de mandataire exprès du donateur, ensuite celui de porte fort du donataire, et que cette stipulation pour autrui était valable. Cet arrêt est resté unique; aujourd'hui une doctrine et une jurisprudence constantes tranchent la question dans un sens contraire (1).

Si nous appliquons ces principes généraux, à notre matière, nous arrivons aux solutions qui sont consacrées par l'article 1973 : La rente viagère peut être constituée sur la tête d'un tiers, quoique le prix en soit fourni par une autre personne, car si le promettant n'exécute pas sa promesse, il est manifeste que celui qui a stipulé peut exiger au moins une somme équivalente aux valeurs qu'il a transmises. Le fait *in obligatione* est donc susceptible d'une évaluation pécuniaire dont nous connaissons d'ores et déjà l'un des éléments; par suite, la stipulation pour autrui est valable.

(1) Merlin, *Quest. de droit*, v° *Donation*, § 6, n° 4; Grenier, t. 1, 177 et 178; Duranton, tome 8, 392 et 394; Coin-Delisle, sur l'art. 932, n° 21; Troplong, tome 3, 1052; Marcadé, sur l'art. 931, n° 3; Massé et Vergé, sur Zachariæ, t. 3, § 428, p. 68, note 10; Demolombe, t. 20, 63-65; Aubry et Rau, t. 7, § 659, textes et notes 18 et 19; Laurent, t. 12, 293-296; Bressolles, n° 137. — Cass., 22 novembre 1819, S. 20. 1. 49; — Bordeaux, 5 février 1827, S. 28. 2. 386; — Soissons, 9 décembre 1829, D. 32. 1. 393; — Seine, 12 avril 1842, S. 44. 1. 465; — C. Paris, 14 mai 1853, S. 53. 2. 507; — Cass., 22 mai 1867, S. 67. 1. 280; — Cass., 11 janvier 1882, S. 82. 1. 131.

L'analyse de la stipulation pour autrui, prévue par l'article 1973, a donné lieu à plusieurs systèmes.

Premier système, qui est celui de la Cour de cassation; il peut se résumer dans les propositions suivantes : L'attribution ainsi faite à titre gratuit au tiers désigné, constitue une libéralité affranchie des formes de la donation, comme accessoire à un contrat à titre onéreux. Une semblable clause de libéralité est une offre valable, pourvu que la personne gratifiée soit individuellement déterminée. Cette offre de libéralité peut être révoquée par le stipulant, jusqu'à ce que cette tierce personne l'ait acceptée. L'acceptation par le tiers peut survenir valablement après la mort du stipulant. L'acceptation rétroagit et fait considérer le tiers comme créancier direct du promettant [1].

Toutes ces décisions ont trait au contrat d'assurance sur la vie, par lequel une personne stipule qu'un certain capital sera payable au jour de son décès à une personne désignée, moyennant l'acquit durant toute son existence de prestations périodiques connues sous le nom de primes. Mais il est évident qu'on doit en étendre l'application au cas où, au lieu d'une somme fixe, l'assuré a stipulé une rente viagère sur la tête de la personne désignée.

Le seul point dont l'exactitude peut paraître douteuse est la rétroactivité attribuée à l'acceptation du tiers, même postérieure au décès du stipulant. Nous n'en avons trouvé la formule expresse dans aucun arrêt de la Cour de cassation; mais elle a été admise par les Cours d'appel et par les auteurs, comme consé-

---

[1] Voir Cass., 22 juin 1859 (S. 1861. 1. 154); conclusions de M. Onofrio, sur Lyon, 2 juin 1863 (S. 1863. 2. 202); conclusions de M. Descoutures, sur Paris, 5 avril 1867 (S. 1867. 2. 249); Cass., 15 décembre 1873 (S. 1874. 1. 199); Rapport de M. Dumont, sur Cass., 10 novembre 1874 (S. 1875. 1. 107). — MM. Aubry et Rau, 4e édit., t. 4, p. 310 et 311, § 343 *ter*; Larombière, *Oblig.*, t. 1; sur l'art. 1121, n. 5.

quence du principe posé par la Cour régulatrice, à savoir de la validité de l'assurance pour autrui, en vertu et par application de l'article 1121 du Code civil (1).

Dans un deuxième système, on dit que la stipulation pour autrui a des conditions spéciales d'existence; elle est accessoire et se tient debout, sans concours de la volonté du tiers par la vertu du contrat principal qui est parfait. Elle participe de la nature des legs et des fidéicommis. C'était le point de vue de Pothier et voici comment il s'exprime en son *Traité des obligations,* n° 73 : « De là naît une autre question, qui est de savoir, « si vous ayant donné une chose à la charge de la restituer à un « tiers dans un certain temps ou de lui donner quelque autre « chose, je peux vous remettre cette charge, sans l'intervention « de ce tiers, qui n'était pas partie à l'acte et qui n'a pas accepté « la libéralité que j'exerçais envers lui en vous imposant cette « charge. Sur cette question Grotius, *De jure belli et pacis*, II, « IX, 19, décide pour l'affirmative : c'est aussi l'avis de Bar- « tole, de Duaren et de plusieurs autres docteurs, et en particu- « lier celui de Ricard, t. 2, *De subtit.*, p. 1, ch. 4. La raison « sur laquelle ils se fondent, est que le tiers n'étant pas inter- « venu dans la donation, l'engagement que le donataire con- « tracte de donner à ce tiers, en acceptant la donation sous cette « charge, est contracté par le concours des volontés du donateur « et du donataire seulement, et par conséquent peut se résoudre « par un consentement contraire des mêmes parties, suivant ce « principe de droit *nihil tam naturale est, quæque eodem « modo dissolvi quo colligata sunt;* le droit qui est acquis à ce « tiers, est donc, selon ces auteurs, un droit qui n'est pas irré-

(1) Voy. Lyon, 2 juin 1863, précité; Colmar, 27 février 1865, S. 1865. 2. 377; Paris, 5 avril 1867, S. 1867. 2. 249; Ruben de Couder, *Dictionnaire de droit commercial*, v° *Assurance sur la vie*; Herbault, *Assurance sur la vie*, n°s 250 et suivants.

« vocable, parce qu'étant formé par le seul consentement du
« donateur et du donataire, sans l'intervention du tiers, ce droit
« est sujet à être détruit par la destruction de ce consentement,
« qu'opérera un consentement contraire des mêmes parties :
« ce droit ne devient irrévocable que lorsque la mort du dona-
« teur empêcherait qu'il ne puisse désormais intervenir un con-
« sentement contraire, le consentement qui a formé ce droit
« cesse de pouvoir être détruit. L'opinion contraire a aussi ses
« défenseurs, c'est celle de Fachinoeus et des docteurs par lui
« cités. Les raisons sur lesquelles ces auteurs se fondent, sont,
« que la clause de l'acte de donation qui contient la charge im-
« posée au donataire, de donner quelque chose à un tiers, ren-
« ferme une seconde donation, ou une donation fidéicommis-
« saire, que le donateur fait à ce tiers. Cette seconde donation
« sans l'intervention de ce tiers, à qui elle est faite, reçoit son
« entière perfection par l'acceptation que le premier donataire
« fait de la donation sous cette charge et il ne doit pas être au
« pouvoir du donateur d'en décharger le premier donataire, au
« préjudice du droit acquis à ce tiers ; car la clause qui renferme
« cette seconde donation, ou donation fidéicommissaire faite à
« ce tiers par le donateur, étant une clause qui fait partie d'un
« acte de donation entre-vifs, la donation fidéicommissaire ren-
« fermée dans cette clause est de même nature et par consé-
« quent irrévocable. »

Cette assimilation entre la stipulation pour autrui et les legs
ou fidéicommis n'est pas encore aujourd'hui absolument inac-
ceptable, mais le Code a répudié les conséquences que Pothier
tirait de cette idée. De plus, le stipulant peut avoir entendu
disposer entre-vifs et cette stipulation sera révocable tant que
le tiers n'aura pas déclaré vouloir en profiter. L'article 1121,
en effet, ne distingue pas entre la disposition testamentaire et
la disposition entre-vifs. Or, dans ce deuxième cas, la faculté

de révocation pour le stipulant implique forcément que le contrat ne s'est pas formé sur la tête du tiers par le concours de deux volontés étrangères.

Nous disons que dans certaines espèces l'interprète pourra trouver tous les éléments d'un legs. Cette disposition testamentaire, de même que les stipulations entre-vifs, n'exigera d'autres formes pour sa perfection que celles du contrat principal.

Par exemple, je stipule de Pierre une rente viagère qu'il me servira pendant toute ma vie et qui sera réversible au jour de mon décès sur la tête de Paul. Ai-je entendu faire à Paul une donation entre-vifs? Tout d'abord, nous tenons à l'affirmer, la circonstance que Paul ne doit recueillir le bénéfice matériel de la libéralité qu'au jour de mon décès, n'est pas exclusive de toute idée de disposition entre-vifs. Si j'ai entendu lui conférer le droit d'accepter irrévocablement cette libéralité pendant ma vie, la disposition est entre-vifs, car, la faculté de révoquer pour le disposant est de l'essence des dispositions testamentaires. Mais, à quels signes reconnaître l'intention des contractants? C'est avant tout une question d'espèce et d'interprétation.

Si, par exemple, j'ai prié Paul de concourir au contrat; que Paul, sur mon invitation, soit intervenu ou non; il est évident que je serai irrévocablement lié par son acceptation ultérieure. La disposition est entre-vifs.

Mais, si j'ai pris soin de lui cacher la conclusion du contrat, si jamais je ne lui en fait connaître l'existence, il est évident encore que j'ai entendu faire à son profit une disposition testamentaire qui s'accommode très bien de cette clandestinité, puisqu'elle n'implique de la part du gratifié aucun concours actif pendant la vie du disposant. Cette idée de legs a été acceptée dans certaines circonstances par d'excellents esprits [1].

(1) Voir rapport de M. Massé sur un arrêt du 7 février 1872 (S. 1872. 1. 86); rapport de M. Dumon sur un arrêt du 10 novembre 1874 (S. 1875.1.101).

Si, au contraire, le contrat est appelé à produire des effets immédiats, si, dans notre espèce, j'ai stipulé que Pierre d'ores et déjà jouira conjointement avec moi de la rente viagère, il faut nécessairement admettre que j'ai entendu disposer entre-vifs; car, si les donations dont le bénéfice effectif est reculé jusqu'au jour du décès des contractants peuvent être néanmoins qualifiées entre-vifs; par contre, les libéralités testamentaires ne peuvent jamais, et dans aucun cas, être recueillies durant la vie du disposant.

Au système de la jurisprudence nous ferons plusieurs objections :

1° Tout d'abord, il ne rend pas compte de la rétroactivité donnée à l'acceptation du tiers. La stipulation pour autrui, dit la Cour de cassation, renferme une offre de libéralité, qui attend la volonté du donataire pour être parfaite. Cela étant, la libéralité qui repose sur un consentement ne peut dater que du jour où la seconde volonté a été émise, et si à ce jour, la première volonté est incapable de se manifester, il ne peut y avoir *concursus voluntatum,* et la donation est imparfaite. Ainsi, nous estimons, contrairement à la Cour de cassation, que l'acceptation du tiers désigné ne peut pas intervenir utilement après la mort du stipulant [1].

2° Dans la plupart des cas, il dénature la convention des parties. D'après la jurisprudence, la créance naît sur la tête de celui qui est intervenu au contrat et est transmise ensuite par une sorte de cession à titre gratuit au tiers désigné. Cette analyse peut être juridique, mais si nous séparons les divers éléments qu'elle a découverts, et si nous les juxtaposons dans un ordre logique, nous allons directement à l'encontre de la

---

[1] Voir en ce sens, M. Laurent, *Précis de droit civil,* t. XV, n° 571; Colmet de Santerre, t. V, p. 44; Herbault, *Assur. sur la vie,* n° 246 *bis.*

volonté des contractants. Le stipulant pour autrui a entendu contracter tout d'abord au profit du tiers, subsidiairement et par la force des choses, pour lui-même, si ce tiers n'accepte pas. Les effets du contrat réalisé, tel qu'il a été conçu, doivent se produire d'abord sur la tête du tiers, ensuite sur celle du stipulant. L'analyse de la jurisprudence attribue au droit une marche inverse. Ces divergences entre la donnée scientifique et les résultats pratiques peuvent être atténuées; elles doivent l'être dans beaucoup de cas.

Paul est mon fils, Pauline est mon épouse. Durant toute ma vie, je suis tenu envers eux à l'obligation alimentaire; cette obligation cessera avec moi et, par conséquent, ma mort va leur occasionner un préjudice. En cet état, je stipule de Pierre, en échange de valeurs que je lui fournis, qu'il servira à Paul et à Pauline une rente viagère; je suis alors plus qu'un stipulant pour autrui, je deviens un gérant d'affaires.

La gestion d'affaires suppose des intérêts actuellement nés, des droits actuellement existants pour une personne et qu'un tiers vient régler sans mandat conventionnel, mais avec une sorte de mandat légal. Dans notre espèce, cet intérêt actuellement né est d'une nature particulière; c'est un préjudice à éviter; c'est un événement fâcheux, dont on veut atténuer les conséquences. Ce genre d'intérêt suffit pour soutenir les contrats d'assurance, il suffira également pour étayer les gestions d'affaires.

Dans cette conception de la stipulation de rente viagère pour autrui, la créance n'a pas reposé même un instant de raison sur la tête du stipulant, mais a été constituée *de plano* sur la tête du tiers désigné, sauf pour lui la faculté de répudier le bénéfice du contrat en refusant de ratifier.

Cette ratification pourra intervenir valablement après la mort du stipulant; c'est la règle en matière de gestion d'affaires et cela est sans inconvénient, car le gérant ne peut pas révoquer la proposition qu'il a faite au maître de l'affaire ; il a parlé au nom d'autrui, il n'est pas en son pouvoir de mettre obstacle à la ratification par un changement de volonté.

Toutefois, il ne faut pas croire que cette révocation n'aurait aucune influence sur les rapports des parties, dans l'hypothèse que nous considérons.

Dans la gestion d'affaires ordinaire, le gérant contracte pour autrui, mais sa gestion ne lui est pas onéreuse ; il peut répéter du maître tous ses déboursés. Dans notre espèce, le stipulant a entendu, non seulement prendre en mains l'affaire d'autrui, mais encore lui rendre un service gratuit, et cette idée n'est pas exclusive de la gestion d'affaires spéciale que nous concevons.

« Lorsque j'ai fait l'affaire d'une personne, comptant faire « son affaire, mais sans intention de répéter les frais de ma « gestion et dans la vue de l'en gratifier, il est évident que je « n'ai, dans ce cas, aucune action *negotiorum gestorum* pour « la répétition de ces frais de ma gestion, les ayant faits sans « intention de les répéter et dans la vue d'en gratifier celui dont « je faisais l'affaire, » dit Pothier (*Traité du quasi-contrat, Negot. gest.*, sect. 1ʳᵉ, art. 3). Le jurisconsulte suppose qu'un aïeul a retiré quelqu'un de ses petits-enfants de chez le père de l'enfant pour l'entretenir et l'avoir auprès de lui et il se demande quel est celui qui supportera les dépenses d'entretien. Il est évident que c'est l'aïeul qui est présumé avoir pris son petit-fils, pour sa propre satisfaction, pour lui faire compagnie et au besoin dans une intention libérale. La question que nous examinons est tout autre. Une créance de rente viagère est née, il s'agit de déterminer ses rapports avec les diverses parties en cause et nous croyons que, dans les conditions indiquées, le contrat peut s'analyser en une gestion d'affaires pour le compte d'autrui et en une offre de donation de tous les déboursés. Tant que cette offre n'est pas acceptée, elle pourra être révoquée.

Supposons donc : 1° que le stipulant a remis au débi-rentier les valeurs qu'il lui a promises. Il révoque ultérieurement l'offre de donation qu'il a faite ou il meurt avant l'acceptation du tiers, puis le tiers ratifie.

La gestion d'affaires subsiste, car elle est irrévocable, mais l'offre de donation est annulée et le ratifiant devra rembourser au gérant d'affaires toutes les sommes qu'il a déboursées en son nom.

2° La rente viagère a été acquise moyennant l'engagement de fournir des primes annuelles. Le stipulant pour autrui paie quelques-unes de ces primes, puis, avant l'acceptation du tiers désigné, il meurt ou il révoque son offre de libéralité et le tiers ratifie.

La gestion d'affaires subsiste encore, comme dans l'hypothèse précédente, mais le gérant ou ses héritiers seront évidemment déchargés du paiement des primes futures. Quant aux primes qui ont déjà été payées, il pourra les répéter du maître de l'affaire par l'*actio negotiorum gestorum contraria*.

En acquittant *donandi causâ* les primes qui, par suite de la ratification, étaient à la charge du maître de l'affaire, il lui a fait une donation, une libéralité indirecte qui, de même que les libéralités directes, exige un concours de volontés, l'acceptation expresse ou tacite du donataire. Ce concours ne pouvant plus se produire par suite du décès ou du changement de volonté du donateur, la libéralité ne peut subsister, mais la gestion d'affaires n'est pas annulée.

On admet généralement que la libéralité indirecte, qui se réalise par le paiement de la dette d'autrui *donandi causâ*, n'est pas un contrat; que l'intention libérale du payeur suffit, même en l'absence du consentement du débiteur. Dans ce système, il faudrait décider que les sommes qui ont été déboursées avant le changement de volonté ou avant le décès du donateur sont irrévocablement acquises au tiers qui ratifie. Ce système n'est pas le nôtre. Notre savant professeur, M. Labbé, dans son cours de Pandectes sur la *causâ* en droit romain, professé dans l'année scolaire 1887-1888, a très fortement déduit les raisons de la théorie à laquelle nous nous rallions. Nous n'aborderons pas cette question qui sort un peu des limites que nous nous sommes tracées et nous nous abritons entièrement derrière cette haute autorité.

Que la stipulation de rente viagère sur la tête d'un tiers qui n'en a pas fourni les deniers constitue une offre de libéralité ou une gestion d'affaires, il faut toujours une acceptation de ce tiers. Il est en outre certain que les libéralités faites sous forme de stipulation pour autrui, dans les termes des articles 1121 et 1973 du Code civil, ne sont pas soumises, quant à la forme de l'acceptation, aux prescriptions concernant les donations entre-vifs [1].

Quant au point de savoir de quels actes peut résulter l'acceptation de telles libéralités, il est difficile de poser une règle absolue. Cette acceptation, en effet, peut n'être que tacite et, par suite, dépendre entièrement d'une appréciation des faits et circonstances [2].

---

[1] V. divers arrêts : Cass., 5 novembre 1818; Grenoble, 29 décembre 1823; Toulouse, 19 novembre 1832; Cass., 28 juin 1837; Grenoble, 9 août 1843; Amiens, 16 novembre 1852. Dans ces motifs : Merlin, *Quest.*, v° *Stipulation pour autrui*, § 3; Toullier, *Dr. civ.*, t. 5, n°s 215 et 216; Delvincourt, *Code civil*, édit. 1819, t. 2, p. 479, notes, p. 70, n° 5; Duranton, *Cours de droit français*, t. 8, n° 417 et t. 10, n° 240; Grenier, *Donat. et testam.*, t. 1, n° 74; Vazeille, *Donat. et testam.*, sur l'art. 932, n°s 9 et 10; Poujol, *Donat. et testam.*, sur l'art. 932, n° 5; Coin-Delisle, *Donat. et testam.*, sur l'art. 932, n° 24; Rolland de Villargues, *Rép. du notar.*, v°s *Acceptation de donation*, n°s 14 et suiv., *Stipulation pour autrui*, n° 54.

[2] V. notamment en ce sens : Cass., 5 novembre 1818; Rennes, 2 août 1838; Amiens, 16 novembre 1852, déjà cité, *Rép. génér.*, *Palais*, v° *Donat. déguisée*, n°s 75 et suivants.

C'est ainsi qu'elle peut résulter du seul fait d'avoir touché un seul terme de la rente [1].

§ II.

Les valeurs ont été fournies par tous les crédi-rentiers.

Sommaire.

En principe le contrat est à titre onéreux pour tous les crédi-rentiers; — De quelques hypothèses dans lesquelles il existe une libéralité par l'un des crédi-rentiers à l'autre; — Nature et étendue de cette libéralité; — Des causes de révocation.

Nous avons raisonné jusqu'à présent dans l'hypothèse où le prix de la rente viagère a été fourni en totalité par le stipulant, sans aucune participation du tiers appelé à en profiter. C'est le cas spécialement prévu par l'article 1973. Sortons maintenant des termes de cet article et supposons qu'une rente a été achetée à frais communs par deux personnes, à la condition qu'elle continuera sans diminution au profit du survivant. Nous n'avons pas ici la donnée de l'article 1973 où apparaissent à la fois un contrat principal à titre onéreux et une libéralité accessoire soumise comme telle, au moins quant au fond, aux règles sur les dispositions à titre gratuit. On peut se demander si c'est encore le cas de suivre ces règles, sinon quant à la forme, au moins quant au fond, en ce qui concerne la convention supposée. Nous décidons résolûment que non.

La réversion de rente viagère ainsi combinée présente de grandes affinités avec le contrat de pari. De même que dans

______

(1) Delvincourt, t. 3, p. 420; Rolland de Villargues, *Rép. du notar.*, n°s 30 et 31; Duranton, n°s 139 et 140; Troplong, n° 250.

le jeu prohibé par l'article 1965 du Code civil, nous trouvons des enjeux fournis par les deux crédi-rentiers, dont nous déterminerons tout à l'heure l'importance précise ; une chose à gagner : la portion de rente viagère réversible sur la tête du survivant ; un fait purement accidentel qui détermine le gagnant : la mort.

Dans le jeu prohibé, le contrat à titre onéreux est très nettement marqué et l'événement qui doit produire la mutation de propriété est le pur hasard. Nous plaçons chacun un écu sur une table et nous stipulons que si la roulette arrive sur le nombre 20, c'est tel ou tel de nous qui sera propriétaire des deux écus. L'aléa est le même pour chacun de nous et, bien loin qu'aucune intention libérale ne se soit glissée dans notre esprit, c'est l'ardeur du gain seule qui nous anime.

Le but des parties n'est pas toujours aussi nettement caractérisé dans le contrat de réversion de rente et l'idée de donation vient souvent dénaturer le contrat ; nous disons dénaturer, car, ainsi que nous allons le voir, chacun des contractants fournit *de suo* et le contrat est à titre onéreux, au moins dans son apparence. Prenons des exemples :

Primus et Secundus ont même âge (50 ans) et même santé ; ils sont propriétaires chacun d'un même capital, qu'ils veulent aliéner à fonds perdu. S'ils s'adressent séparément à un tiers, ils obtiendront chacun une rente dont le taux s'élèvera, d'après les tarifs des grandes compagnies, à 7,14 p. 0/0 du capital engagé.

Si au contraire, se réunissant, ils s'adressent tous les deux au même tiers, et stipulent la réversibilité sur la tête du survivant, le taux sera moins élevé, nous l'avons établi précédemment. C'est ainsi que ce taux s'abaissera à 5,96 p. 0/0, toujours d'après les tarifs des grandes compagnies.

1,18 p. 0/0 du capital engagé, voilà donc l'enjeu de chacun des contractants. L'avantage stipulé en retour est l'expectative de jouir de la rente entière, durant tout l'espace de temps qui séparera les décès des deux crédi-rentiers. Chacune des parties en cause donne et reçoit : le contrat est à titre onéreux de toutes parts.

Peut-on admettre que chacun des crédi-rentiers ait fait un léger sacrifice pour assurer un bénéfice gratuit à son cocontractant? Dans notre hypothèse, nous croyons que non, tant les éléments du contrat à titre onéreux se dégagent nettement. Mais il est certaines autres hypothèses où l'intention libérale, quoique non expressément stipulée, résulte clairement des faits et circonstances.

Ainsi, un vieillard de quatre-vingts ans, sur son lit de mort, et un homme de trente ans, dans toute la force de l'âge, vendent à un tiers, par un même contrat, des immeubles leur appartenant conjointement, moyennant une rente viagère réversible en entier sur la tête du survivant. Le vieillard mourant a-t-il eu sérieusement l'espoir de jouir de cet avantage? cela est peu probable; il paraît plus sûr de décider qu'il a voulu assurer une libéralité à l'autre crédi-rentier.

Mais il n'y a rien à induire de là pour la qualification générale du contrat de réversion de rente viagère.

Dans l'espèce prévue, il y a donation; cela est vrai; mais c'est une donation qui emprunte la forme des contrats à titre onéreux. C'est ainsi qu'on voit, dans la pratique, des libéralités indirectes assurées sous le couvert de rentes moyennant des prix bien au-dessous de la valeur des objets vendus.

Les contrats de réversion de rentes viagères, de même que les contrats de rentes viagères, sont des conventions aléatoires et par suite à titre onéreux. Mais diverses circonstances : l'âge

des crédi-rentiers, la différence de valeur entre les objets engagés, la nature du contrat principal, les liens de parenté entre
les crédi-rentiers, peuvent en changer le caractère.

I. *L'âge des crédi-rentiers.* — Dans l'hypothèse que nous venons de construire, l'un des crédi-rentiers avait quatre-vingts
ans, l'autre trente; nous connaissons la solution. Nous n'y reviendrons pas.

II. *La différence de valeur entre les objets engagés.* — Primus et Secundus ont tous les deux cinquante ans et Primus
fait masse de 100,000 francs; Secundus de 100 francs. L'enjeu de
Primus est de 1,18 × 1,000 ou 1,180 fr.; l'enjeu de Secundus
est de 1,18 et le bénéfice à réaliser par chacun d'eux est le
même. Vraiment, l'un d'eux a la partie trop belle, et si l'autre
crédi-rentier a accepté cette situation inégale, c'est qu'il voulait
non spéculer, mais gratifier. C'est une donation avec charge :
Primus donne en aléa la valeur représentative de 1,180 francs
de rente viagère sur sa tête, à charge par Secundus de fournir
en aléa la valeur représentative de 1 fr. 18 de rente sur
sa tête.

Que si la rente est partagée par moitié entre les deux crédi-
rentiers et non proportionnellement à leurs mises durant toute
leur existence, la libéralité est encore bien mieux dessinée.

Il peut se faire, du reste, que l'inégalité dans les mises soit
compensée par la différence des âges, que la première cause
vienne réagir sur la seconde.

Primus a 80 ans et il apporte 40,000 francs, Secundus a 20
ans et sa mise est de 45,000 francs. Quel sera le donateur? Ce
sera encore Primus. A 80 ans, avec son capital, il aurait
pu obtenir, à raison de 15,16 p. 0/0, une rente viagère de
6,064 francs. En faisant masse avec Secundus, il jouira pendant
la vie de ce dernier, conjointement avec lui, et s'il lui survit,

ce qui est peu probable, d'une rente viagère de 5,950 francs,
au taux de 7 p. 0/0.

L'idée de donation se dégage aussi nettement que dans la
première hypothèse.

C'est toujours une question de mesure et d'espèce. Les
clauses de réversibilité cachent toujours en elle un inconnu que
l'interprète seul peut dégager. Mais quels que soient les résultats effectifs et la tournure de l'aléa, c'est toujours au moment
de la conclusion du contrat que le juge doit se placer pour en
déterminer les caractères. Et, nous tenons à le dire, il lui
appartiendra toujours de rester maître de sa décision, sans
contrôle possible de la Cour Suprême, pourvu que, désintéres-
sant les principes, il se borne à rechercher si, en fait, la clause
suspecte recèle ou non une libéralité.

Dans cette recherche, le juge pourra, comme nous avons
fait, consulter les tarifs des grandes compagnies, lorsque la
rente est servie par l'une de ces compagnies. Lors au contraire
qu'il s'agit de rentes servies par des particuliers, ces tarifs
n'auront pas la même autorité, mais le juge pourrait encore
s'en servir pour en tirer sinon des nombres, du moins des proportions. « Nous disons qu'on n'est pas en droit d'en tirer des
« nombres [1], parce que les crédi-rentiers, en traitant avec un
« particulier, ont fait une affaire meilleure ou pire que celle
« qu'ils auraient faite, en traitant avec une compagnie; qu'ils ont
« obtenu un intérêt plus ou moins élevé que celui qu'une com-
« pagnie leur aurait donné, et, qu'en conséquence, en prenant
« pour mesure de la valeur de la rente ou d'une partie de la
« rente qu'ils se sont constituée, le tarif d'une compagnie, on
« prend une mesure trop forte ou trop faible. Mais, au con-
« traire, nous disons qu'on est en droit d'en tirer des propor-

(1) M. Dubois, *De la rente viagère.*

« lions, parce que les tarifs des compagnies sont dressés,
« d'après les indications des tables de mortalité et, qu'en con-
« séquence, les rapports qu'ils indiquent sont les mêmes que
« ceux qui existent entre les différents risques qui correspon-
« dent à ces prix. »

Quoi qu'il en soit, l'interprète ne devra pas oublier qu'il est
en présence d'un contrat aléatoire, à titre onéreux, qu'un
léger gain, qu'une perte minime ne suffisent pas pour attribuer
à ce contrat le caractère d'une libéralité. Aussi, c'est à dessein
que nous avons choisi pour exemples des espèces où les différences étaient très appréciables.

III. *La nature du contrat principal.* — Primus et Secundus
donnent en commun à un tiers des valeurs déterminées. Toutefois, pour que cette libéralité leur soit moins onéreuse, ils
stipulent en retour une rente viagère réversible en entier sur
la tête du survivant. Plusieurs hypothèses peuvent être prévues :

1° La rente viagère, qui forme le *modus* de la donation principale, représente une valeur certainement inférieure à celle
des biens engagés par chacun des crédi-rentiers, même en
admettant que l'éventualité de survie se réalise à son profit.
Primus a 50,000 francs, Secundus 50,000 francs, ils donnent ces
100,000 francs à Tertius, en stipulant une rente viagère de 2,000
francs réversible en entier sur la tête du survivant d'eux. Il y a
un contrat principal de donation par Primus et Secundus à Tertius, mais il n'y a aucun contrat accessoire entre Primus et
Secundus. Car la stipulation accessoire a sa cause pour chacun
d'eux dans la donation de 50,000 francs qu'il a faite au donataire, sans qu'il soit besoin d'y ajouter les 50,000 francs donnés
par l'autre crédi-rentier.

2° L'avantage stipulé par l'un des crédi-rentiers est certainement supérieur aux valeurs engagées par lui, même en
supposant qu'il ne survive pas à l'autre.

Ainsi Primus a fourni 50,000 francs et Secundus 5,000 francs. La rente réversible est toujours de 2,000 francs. Il y a deux libéralités :

Donation par Primus à Tertius, donation par Primus à Secundus. Et peu importe que Secundus ait figuré à l'acte en qualité de donateur. En échange des 5,000 francs, dont il dispose au profit de son prétendu donataire, il stipule de lui une rente viagère qui, quoi qu'il arrive, sera toujours supérieure à la rente qu'il aurait pu obtenir à titre onéreux. S'il y a donation, ce n'est pas lui qui en supporte le fardeau, ce n'est pas lui qui doit en recueillir les quelques avantages. Par suite, si plus tard il survient en sa personne des causes de révocation de donation, ingratitude du tiers envers lui, survenance d'enfants légitimes; ces causes seront sans influence sur le sort du contrat. Bien plus, l'avantage qu'il recueille devra être évalué et soumis, s'il y a lieu, aux limitations de la réserve légale.

3° La valeur de la rente stipulée est sensiblement égale celle des capitaux donnés, tout en lui restant inférieure.

Ainsi Primus et Secundus ont réuni chacun 50,000 francs pour les donner à Tertius, à charge d'une rente viagère de 6,000 francs réversible. Il résulte des autres circonstances de l'espèce que Tertius réalise un bénéfice à titre gratuit, tant en raison de la modicité de la rente que de l'intention sérieuse, justifiée et formellement exprimée de Primus et Secundus.

Pour chacun de ces derniers, on peut trouver les éléments d'un bénéfice à réaliser, des avantages réciproques stipulés et par suite des rapports de droit qui constituent en apparence le contrat à titre onéreux. Mais nous croyons que dans la majorité des cas, les parties ont eu pour but de se faire une donation mutuelle. « Les parties, dit *Nouveau Denisart* [1], peuvent se

(1) V° *Donation mutuelle*, § 1er, n° 3.

« déterminer, soit par le désir mutuel de procurer à l'autre un
« avantage, soit par le désir mutuel de profiter soi-même de
« l'avantage fait par l'autre contractant. Au premier cas, la
« convention est produite par un amour mutuel, elle est un con-
« trat de bienfaisance ; au second cas, elle est contrat intéressé
« de part et d'autre : *do ut des*. Mais comme il est impossible
« à l'homme de pénétrer les pensées secrètes, une pareille con-
« vention doit avoir l'effet de donation, suivant le nom que lui
« ont donné les parties, et être rangé dans la classe des con-
« trats de bienfaisance, toutes les fois que les autres clauses ou
« les circonstances du fait ne manifestent pas l'intention con-
« traire de faire un contrat intéressé de part et d'autre. »

Or, dans notre espèce, les parties ont qualifié le contrat principal de donation. Il en a le nom et les effets. Cette qualification
doit certainement réagir sur le contrat en sous-ordre. Nous concevons facilement que des donations se superposent à des contrats à titre onéreux, car, dans la plupart des cas, pour que la
donation puisse se réaliser, il faut que le contrat à titre onéreux l'ait précédée, mais nous comprenons plus difficilement
qu'un contrat à titre onéreux se superpose à une libéralité.

En somme, il s'agit de savoir si Primus et Secundus ont eu
vis-à-vis l'un de l'autre des intentions de spéculation ou des intentions libérales ; l'une ou l'autre de ces intentions suffisant
d'ailleurs à assurer la validité du contrat.

Eh bien il nous répugne de décider que ces deux personnes
qui unissent leurs capitaux dans une pensée commune de libéralité vis-à-vis d'un tiers, que ces deux personnes unies par
une même affection, sont, dans leurs rapports entre elles, des
agioteurs avides qui viennent supputer leurs chances de mortalité et spéculer sur leurs décès. Pour admettre cette idée, il
nous faudrait des raisons de droit bien impérieuses et ces raisons n'existent pas. Nous tenons dès à présent à faire remar-

quer que, lorsque la réversion de rente sera intervenue entre deux époux, ou bien lorsqu'elle sera accessoire à une donation, à titre de partage anticipé, nous trouverons peut-être ces raisons de décider en sens contraire (1).

Tous les auteurs cités en note relèvent surtout cette circonstance que l'abandon réciproque ne doit produire son effet qu'au décès du survivant, pour exclure l'idée d'un échange, d'un contrat à titre onéreux.

Nous avons vu que, pour apprécier la nature de la réversion de rente, il fallait remonter au jour de la conclusion du contrat. Mais, une fois que le caractère de la libéralité est déterminé, il peut être nécessaire d'en déterminer le *quantum*, lorsque, par exemple, le donateur laisse en mourant des héritiers réservataires qui prétendent que leur réserve a été entamée. Dans ce cas, il faut tenir compte des faits accomplis, de la tournure de l'aléa.

Si celui des crédi-rentiers qui, d'après les présomptions, bases du calcul, était gratifié au jour du contrat, n'a pas survécu, les héritiers à réserve n'ont rien à réclamer. Car, si pour constituer une donation, il suffit d'une chance de gain, d'un bénéfice à réaliser éventuellement; pour que l'action en réduction puisse être mise en jeu, il faut, en outre, un déplacement matériel de fortune, un appauvrissement du donateur et un enrichissement apparent du donataire. Or, par suite de la tournure de l'aléa, le tiers gratifié n'a rien recueilli, donc il n'y a pas place pour l'action en réduction.

Si le crédi-rentier donataire survit, on évaluera son bénéfice,

(1) Voir dans le sens de notre opinion, Merlin, *Quest. de droit*, v° *Donation*, § 1; Furgole, sur l'article 39 de l'ordonnance de 1731; Toulier, I, 5, p. 306; Coin-Delisle, sur l'article 894, n° 25; Championnière et Rigaud, *Traité des droits d'enregistrement*, t. 3, 2254; Bayle-Mouillard, sur Grenier, t. 2, 158, note A; Demolombe, t. 20, 53.

en tenant compte des événements réalisés postérieurement à
la conclusion du contrat; de cette évaluation, on retranchera
la valeur des capitaux engagés par lui et les intérêts qu'ils auraient pu produire, le résultat de l'opération nous donnera
l'avantage réalisé. Nous passons légèrement sur ce problème
qui intéresse surtout la matière des donations entre-vifs et testamentaires.

Nous venons de voir que la réversion de rente viagère peut
constituer une libéralité par l'un des crédi-rentiers à l'autre et
cela, que la clause soit accessoire à un contrat à titre onéreux
ou à une donation. Cette libéralité est sujette aux causes de révocation prévues par les articles 953 à 966 du Code civil.

Sur la révocation pour cause de survenance d'enfant, rien de
particulièrement intéressant à noter : si cette éventualité se
produit, le donateur répétera du crédi-rentier donataire, l'avantage, tel que nous l'avons déterminé plus haut. Mais il est
une cause de révocation pour ingratitude qui, dans notre hypothèse, a des conséquences particulières et que nous devons examiner. Nous supposons que l'un des crédi-rentiers est condamné
comme meurtrier de son cocrédi-rentier.

L'espèce s'est présentée en jurisprudence et la Cour de Poitiers [1], par un arrêt du 1er février 1881, a décidé que la clause
de réversion était irréalisable et que la rente était purement et
simplement éteinte, parce que les parties ayant laissé l'événement du prédécès exclusivement soumis aux éventualités communes et le meurtrier ayant substitué à ces éventualités son fait
personnel, la condition doit être réputée non accomplie.

Et, remarquons-le, ces considérations s'appliquent aussi bien
dans le cas où la réversion de rente est à titre onéreux, que
dans celui où elle est à titre gratuit. En fait, le débi-rentier réa-

(1) Voir *Journal du Palais,* 1882, p. 201.

lisera un avantage qui est sans cause entre ses mains, mais le meurtrier ne peut pas réclamer cet avantage par une action *de in rem verso*, car son action aurait pour cause un fait illicite.

Il ne peut pas davantage réclamer l'exécution du contrat. Vous êtes mon débiteur pour une certaine somme, sous la condition que je survivrai à un tiers. Je tue ce tiers et j'agis contre vous en vertu du contrat. Cette action n'a plus une cause illicite puisque le meurtre n'en est que l'occasion, mais le débiteur m'opposera l'article 1178 du Code civil, aux termes duquel « la condition est réputée accomplie, lorsque c'est le débiteur obligé sous cette condition qui en a empêché l'accomplissement » et il triomphera, car, par identité de motifs, la condition doit être considérée comme défaillie, lorsqu'elle ne s'est réalisée que par le fait du créancier.

Certes, le débiteur s'enrichira à mes dépens sans cause apparente, mais dans le débat qui s'engage entre un meurtrier et le bénéficiaire du meurtre, *melior est causa possidentis.*

Dans l'espèce de l'arrêt, on objectera que, la rente devant être servie intégralement pendant la durée de la vie des deux créanciers, le débi-rentier est sans intérêt à ce que l'un des créanciers en profite plutôt que l'autre.

C'est entièrement déplacer la question. L'intérêt des parties en cause ne doit avoir aucune influence sur la décision à rendre. Quelque solution que l'on adopte, il est évident que le meurtre aura profité au débi-rentier dans une certaine mesure. Toute la question est de savoir dans quelle mesure il lui profitera.

Or, l'article 1178 établit une présomption irréfragable, *juris* et *de jure*. Le créancier conditionnel ne serait pas admis à soutenir que, même sans son intervention personnelle, la condition qui suspend son droit se serait accomplie et pourtant, s'il arrivait à administrer cette preuve, il démontrerait que le débiteur n'a subi aucun préjudice de ses agissements. Dans tous les cas,

M. D.   10 sa demande devra être repoussée, car l'article 1178 ne distingue pas ; dans tous les cas, la rente viagère sera éteinte sans répétition possible.

SECTION TROISIÈME.

DES TONTINES.

Nous allons examiner maintenant une réversibilité spéciale de rente qui forme l'objet d'associations connues sous le nom de tontines.

La tontine, dit Merlin (*Répertoire, v° Tontine*), « est une « société de créanciers de rentes perpétuelles ou viagères, for- « mée sous la condition que les rentes des prédécédés accroî- « tront aux survivants, soit en totalité, soit jusqu'à une certaine « part. » Cette association d'une nature particulière a emprunté son nom à celui qui en a eu l'idée première. Tonti fit agréer son plan par le cardinal Mazarin qui, en vertu d'un édit, répartit les prêteurs d'argent en dix classes, suivant leur âge. Chaque prêteur payait 300 livres pour être admis dans sa classe, et l'État s'engageait à lui en servir l'intérêt à 5 p. 0/0. Dans chaque classe, la part des morts accroissait aux survivants. Ainsi fut créé plus d'un million de rentes, par un emprunt total de 25 millions. Le Parlement refusa toutefois d'enregistrer l'édit.

Le projet fut repris à nouveau, grâce à l'autorité de Louis XIV et finit par aboutir.

Une nouvelle tontine fut en conséquence créée. Elle finit en 1726 par le décès d'une veuve âgée de 96 ans qui, au moment de sa mort, jouissait d'un revenu de 73,500 livres de rente. On se décida à les abolir. Un arrêt du conseil de 1770 convertit toutes les rentes tontinières en rentes viagères à un taux spécial.

Dans la législation actuelle, les associations tontinières ont revécu. Les Codes civil et de commerce n'en parlent pas et par suite les admettent. Ceci résulte, au surplus, suffisamment d'un avis du Conseil d'État du 1er avril 1809, d'un décret du 18 novembre 1810 reproduit par l'article 66 de la loi du 24 juillet 1867 qui réglementent la matière et prescrivent pour ce genre d'associations l'autorisation et la surveillance du gouvernement.

La définition de Merlin est un peu étroite. Nous l'avons néanmoins rapportée, parce qu'elle fait ressortir d'une façon saisissante le lien intime entre ce genre d'associations et l'objet de notre examen. En fait, comme l'indique Merlin, l'association est le plus souvent créée entre divers créanciers de rentes viagères; mais cette circonstance n'est pas de son essence. C'est ainsi que la jurisprudence a reconnu la nature de la tontine à des associations faites par plusieurs personnes pour acheter en commun des immeubles, avec stipulation que leur propriété appartiendrait au dernier vivant des actionnaires associés (1).

On a encore essayé de soutenir, toujours en se fondant sur la définition de Merlin, que le bénéfice de l'association tontinière devait être uniquement fondé sur les chances de survie et de décès des associés. C'est l'opinion de la Cour de Douai, dans son arrêt du 29 mars 1855 (2), infirmant un jugement du tribunal de Lille. La décision du tribunal fort bien motivée nous paraît plus sûre et nous allons emprunter quelques-uns de ses considérants qui nous donnent la physionomie exacte des associations tontinières :

(1) Cass., 1er juin 1858, S. 58. 1. 614.
(2) *Journal du Palais*, 1857, p. 391.

« Considérant qu'il résulte des avis du Conseil d'État du 1er
« avril 1809 et du 15 octobre de la même année approuvés par
« l'Empereur et du décret du 18 novembre 1810, que les so-
« ciétés des tontines, les compagnies d'assurances mutuelles,
« les associations de la nature des tontines, sortent de la classe
« commune des transactions entre les citoyens; qu'elles ne sup-
« posent pas entre les parties intéressées ces rapprochements
« si nécessaires pour caractériser un consentement donné avec
« connaissance; qu'elles ne permettent aux associés aucun
« moyen efficace et réel de surveillance. »

Et le tribunal ajoute : « Attendu qu'aux termes de l'avis du
« Conseil d'État du 1er avril 1809 et du décret du 18 novembre
« 1810, les associations de la nature des tontines ne peu-
« vent valablement exister sans l'autorisation du gouver-
« nement.

« Attendu que l'on doit considérer, comme tels, tous les éta-
« blissements qui, sous l'administration d'un ou de plusieurs
« directeurs, ont pour but de réunir des fonds versés par les
« souscripteurs, d'en faire le placement et de répartir entre
« lesdits souscripteurs ou associés, des intérêts, des primes,
« des accroissements et bénéfices, des remboursements à époque
« convenue ou indéterminée, d'après des chances de décès ou
« autres combinaisons aléatoires.

« Attendu que la caisse des familles présente...

« Que de pareilles opérations, à raison de leur étendue, de
« leur durée et de leur gestion diffèrent essentiellement de
« celles qui ont un objet restreint et se renferment dans des
« limites déterminées : telle qu'une association entre divers
« pères de famille qui, à l'approche et en vue des opérations
« de recrutement, s'engagent à verser chacun une somme con-
« venue dans une caisse commune ou dans les mains d'un dé-
« positaire de leur choix, pour assurer mutuellement leurs fils

« contre les chances du sort en procurant, par la répartition du
« fonds commun à ceux que le sort appellera à faire partie du
« contingent, les moyens de pourvoir en tout ou en partie aux
« frais d'un remplaçant. »

Ou bien telle que la réunion des capitaux de deux ou de plusieurs personnes, qui dès le jour du contrat sont connues et déterminées, en vue d'une stipulation commune, d'une rente
viagère réversible sur la tête du survivant.

Le jugement invoque à l'appui de sa décision un avis du
Conseil d'État du 15 octobre 1809, qui dispose « que les com-
« pagnies d'assurances qui intéressent l'ordre public, ne peu-
« vent se former avant que les règlements n'aient été soumis
« au Ministre de l'Intérieur, et sur son rapport approuvés par
« l'Empereur en Conseil d'État. » Dans l'espèce, il s'agissait
d'une assurance mutuelle contre les risques du tirage au sort. Et
l'arrêt infirmatif fait remarquer que cet avis approuvé par l'Empereur n'a point été inséré au *Bulletin des lois* pendant la durée
de l'Empire et que le Sénat conservateur n'a pas exercé son
droit de censure, conformément aux lois constitutionnelles en
vigueur; que, sans doute, cet avis a été publié postérieurement,
en vertu d'une ordonnance du 14 novembre 1821, mais que cette
publication tardive n'a pu réparer le vice originel.

L'arrêt écarte donc l'application de cet avis, qui n'a aucune
force législative; et comme, d'autre part, dans l'espèce qui
lui était soumise, les bénéfices de l'opération n'étaient pas
uniquement fondés sur les chances de survie et de décès des
associés; il refuse de lui reconnaître le caractère d'association
tontinière et par suite de lui appliquer l'avis du 1er avril 1809 et
le décret du 18 novembre 1810.

Les considérants tirés des travaux législatifs par la Cour de
Douai ont de la valeur et nous n'hésitons pas à nous ranger

à sa doctrine, quoique l'opinion contraire soit généralement professée [1].

Mais, nous le répétons, la seconde partie de sa décision est trop absolue. Et, élargissant la définition de Merlin, nous disons que la tontine est l'association dans laquelle les capitaux versés accroissent aux participants, en raison de leur décès ou de toute autre cause, de façon à créer des chances aléatoires [2].

La tontine, bien que ne présentant pas tous les caractères d'une société, n'en constitue pas moins un être moral. Elle est vivifiée par l'autorisation administrative. Par suite, il ne peut être question de transmissions à titre gratuit ou à titre onéreux entre les divers associés. C'est l'être moral qui est propriétaire des diverses rentes viagères; c'est lui qui les transmet. Les actionnaires n'ont qu'un droit aléatoire à une partie de la masse, droit qui s'anéantit par leur prédécès, mais qui ne se transmet pas.

Par suite, à leur décès, il n'y a pas lieu d'exiger des droits de mutation, soit à titre gratuit, soit à titre onéreux [3].

---

(1) Voir les autorités citées par l'arrêtiste en note sous un arrêt de la même Cour du 15 novembre 1851 (*Journ. Palais*, 1853, t. II, p. 446).

(2) Voir en ce sens, jugement du tribunal de la Seine du 18 janvier 1870.

(3) Voir en ce sens : Arrêt de la Cour de cassation du 1er juin 1858, *Journal du Palais*, 1858, p. 1218.

CHAPITRE II.

DES RÉVERSIONS DE RENTES ACCESSOIRES A UN CONTRAT A TITRE GRATUIT.

Jusqu'à présent, nous avons étudié les réversions de rentes viagères accessoires à un contrat à titre onéreux; nous allons maintenant examiner rapidement l'hypothèse où le contrat principal est à titre gratuit.

Je donne à Pierre une rente viagère de 100 à la charge de créer sur la tête de Paul, une rente de 50.

Je lègue à Pierre et à Paul une rente viagère de 100.

Je lègue aux mêmes une rente de 200 réversible en entier sur la tête du survivant.

Première hypothèse. — A l'analyse, nous trouvons une libéralité principale et une stipulation pour autrui. Cette stipulation pour autrui accessoire à un contrat à titre gratuit doit être considérée comme ayant le même caractère. C'est une offre de libéralité entre-vifs ou testamentaire, suivant les distinctions que nous avons faites, qui ne devient parfaite que par l'acceptation du tiers gratifié. Toutes les règles, précédemment établies, trouvent encore ici leur application. Nous n'y reviendrons pas.

Deuxième hypothèse. — Dans quelle mesure la rente sera divisée entre Pierre et Paul? La rente s'éteindra-t-elle pour partie au décès de l'un d'eux ou subsistera-t-elle entièrement sur la tête du survivant? Toutes ces questions sont essentielle-

ment des questions d'espèce. La volonté du constituant est sou-
veraine et, c'est dans les termes du testament, dans les circonstances de la cause, que l'interprète devra la chercher.

. Nous tenons à faire remarquer que les considérations développées plus haut n'ont ici aucune valeur. Toute notre argumentation précédente a pour base le caractère aléatoire de la constitution de rente viagère. Or, ce caractère fait défaut aux constitutions de rente à titre gratuit.

Dans la troisième hypothèse, rien de particulier à signaler.
Nous ne nous arrêterons pas plus longtemps sur les réversions
de rentes viagères accessoires à un contrat à titre gratuit.

Toutes les difficultés de la matière ont trait à des questions
de rapport et de quotité disponible, en dehors de l'étude spéciale que nous nous sommes proposée.

CHAPITRE III.

DES RÉVERSIONS DE RENTES VIAGÈRES ENTRE ÉPOUX.

Sommaire.

La réversion de rente viagère entre époux doit être annulée, lorsqu'elle
constitue une donation mutuelle; — Distinction entre la réversion de
rente viagère et la réversion d'usufruit; — La réversion de rente viagère
peut être analysée : 1° En une libéralité unique par l'un des époux à
l'autre; 2° en un contrat aléatoire entre les deux époux; — Dans certains cas, elle ne crée aucun rapport de droit entre les deux crédi-rentiers.

Nous revenons maintenant aux réversions de rentes stipulées
accessoirement à un contrat à titre onéreux et les crédi-rentiers
sont deux époux.

Nous avons cru devoir réunir en un seul corps toutes les difficultés de l'espèce, parce qu'elle présente de notables déroga-
tions aux règles que nous venons d'établir.

D'autre part, comme cette hypothèse spéciale est d'une pratique journalière, il nous a paru utile de la dégager des longs
commentaires, des longs exposés de principes, afin de faciliter
la tâche du lecteur bienveillant qui chercherait dans notre
thèse des solutions et non des discussions.

Deux époux ont donc aliéné des biens leur appartenant, à
charge d'une rente viagère, réversible en entier sur la tête du
survivant. Nous réservons le cas où ces biens dépendent d'une
communauté légale ou conventionnelle; cette circonstance crée
des rapports nouveaux que nous étudierons plus loin. Nous

excluons l'hypothèse où ces biens sont protégés par le régime dotal; car les immeubles dotaux sont inaliénables (art. 1554, C. civ.); d'autre part, une jurisprudence constante décide que la dot mobilière est inaliénable, au moins vis-à-vis de la femme; par suite, on ne saurait concevoir une femme dotale intervenant utilement dans une réversion de rente, pour aliéner ses immeubles ou ses meubles dotaux.

Nous allons supposer que les époux sont mariés sous le régime de la séparation de biens. La femme a dès lors la faculté d'aliéner ses meubles et ses immeubles sous l'autorisation de son mari; elle a de plus, selon les termes de l'article 1536, « la « jouissance libre de ses revenus, » et aucun principe de droit ne lui interdit de réunir ses biens propres à ceux de son mari, pour stipuler une rente réversible sur la tête du survivant. Pendant toute la durée du mariage, chacun des époux percevra séparément sa part d'arrérages. Si les valeurs engagées sont égales, chacun des époux, nous l'avons vu, aurait obtenu une rente supérieure en stipulant séparément, chacun d'eux aura donc fait un léger sacrifice. Dans les cas ordinaires, ce sacrifice n'en a que l'apparence, puisqu'il est l'enjeu d'une partie à gagner, d'une chance de survie. Mais entre deux époux, cette partie nous paraît assez immorale. Sans doute, l'article 1971 autorise sans aucune distinction ces sortes de paris sur la vie d'autrui, et le contrat est valable, en droit; mais, en fait, lorsqu'il intervient entre deux époux, il dénote une telle indélicatesse de sentiments, que nous devons essayer de lui donner une physionomie nouvelle. Nos efforts n'aboutiront pas toujours.

Cette idée de spéculation sur leurs décès entre deux époux révolte notre sentiment, — nous allons l'écarter pour un instant. — Chacun d'eux, bien loin de spéculer sur la chance de survivre à son conjoint, entend lui donner une preuve de son affection. Il consent à diminuer la rente viagère, dont il aurait pu jouir, pour lui assurer une rente plus forte, lorsque le mariage sera dissous. Dans cette conception nouvelle, plus d'aléa, plus d'intentions indélicates, d'espoirs presque criminels, mais des libéralités réciproques, un gage de sollicitude mutuelle.

Vraiment, il est difficile de ne pas se laisser tenter. Malheureusement, il se présente une grave objection. Article 1097 du Code civil « les époux ne pourront, pendant le mariage, se « faire ni par acte entre-vifs, ni par testament, aucune donation « mutuelle et réciproque par un seul et même acte. »

Pour écarter l'application de cet article, M. Labbé écrit : « Nous croyons que l'article 1097, peut être écarté par ce motif « qu'il régit les libéralités faites d'une façon principale et indé- « pendante, et non pas celles qui sont insérées accessoirement « dans un contrat principal à titre onéreux. L'article 1097 fait « partie du système des formes prescrites pour les donations, « et l'article 1973 décide que l'attribution à une tierce personne « de la rente constituée à titre onéreux est, bien qu'ayant le « caractère d'une libéralité, affranchie des formalités requises « pour les actes à titre gratuit (1). »

Que notre savant professeur nous pardonne, mais son argumentation n'a pas apporté une entière conviction dans notre esprit.

Une forme est une manifestation extérieure, une réalité tangible. Dans cette acception philosophique, on peut dire que l'article 1097 du Code civil édicte une règle de forme. Mais le droit se place à un point de vue plus restreint, sans quoi toutes ses dispositions seraient des règles de forme. Ainsi, le mineur ne peut faire certains contrats sans le consentement de son tuteur; le mineur de 25 ans ne peut contracter mariage sans le

____

(1) M. Labbé, note sous un arrêt de Paris du 19 février 1864, *Journal Palais,* 1865, p. 89.

consentement de ses père et mère ou de ses ascendants. Le consentement, voilà certes une pure abstraction ! Mais, pour être valable aux yeux de la loi civile, il doit être entouré de certaines solennités, de certaines manifestations extérieures ; l'accord tacite des volontés ne suffit pas. Si donc ces consentements font défaut, en déduirons-nous qu'une règle de forme a été violée ? Nous ne le croyons pas. Sans doute, c'est une règle de forme, mais « c'est une règle de forme qui tient au fond » et, pour le jurisconsulte les règles de cette sorte sont des règles de fond.

Une forme, au point de vue du droit, est une manière d'être de la manifestation du consentement. Avant de donner force de loi à la volonté des contractants, tout législateur doit exiger certaines garanties de liberté et de sincérité. Les Romains avaient appliqué ce principe avec leur rudesse et leur énergie habituelles et emprisonné leur législation dans un formalisme étroit, souvent puéril. Les rédacteurs de notre Code, plus conciliants, ont largement émancipé la volonté des contractants et n'ont imposé l'usage des solennités et des formes que dans certains cas nettement déterminés. Pour déterminer ces cas, ils ont appliqué cette idée fort exacte que la conclusion d'un contrat doit être entourée d'autant plus de garanties que les conséquences en sont plus importantes, au point de vue de la société, ou plus onéreuses pour l'un des contractants.

Ainsi, le donateur se dépouille, lui et ses héritiers, au profit d'un tiers, et cela sans équivalent. Pour sanctionner une convention si contraire à l'ordre naturel des choses, on comprend parfaitement que le Code ait exigé une attestation solennelle devant un notaire qui appellera l'attention des parties sur les conséquences de l'acte qu'elles vont faire, qui éloignera du donateur toutes les pressions, toutes les intimidations, toutes les pratiques dolosives, qui éclairera et protégera son consentement. C'est la règle de forme-type, et ces considérations la justifient assez dans l'espèce.

On a prétendu que la comparution devant un notaire avait surtout pour but d'assurer l'irrévocabilité de la donation; que la prohibition de l'article 1497 avait été édictée pour en faciliter la révocation; et que, par suite, ces deux dispositions, poursuivant des effets de même nature, quoique en sens inverse, devaient l'une et l'autre être considérées comme des règles de forme. Cette argumentation n'est pas sûre.

En effet, la forme notariée n'est pas nécessaire pour assurer l'irrévocabilité de la donation. Un simple acte sous seings privés, avec ses doubles entre les mains de chaque contractant, atteint aussi bien ce résultat. Sans doute, les parties peuvent, d'un commun accord, faire disparaître les doubles qui sont entre leurs mains, au lieu que le notaire ne peut jamais détruire la minute dont il est dépositaire. Mais si donateur et donataire sont d'accord, il leur est toujours loisible, même lorsque l'acte a été passé dans la forme notariée, d'opérer une nouvelle mutation de propriété à titre gratuit et de paralyser ainsi les effets du contrat primitif. Sans doute, ils ne peuvent pas entièrement l'anéantir, mais l'irrévocabilité de la donation doit être entendue en ce sens que le donateur ne puisse pas *ad nutum*, sans le consentement du donataire, se rétracter et reprendre l'objet de sa libéralité; or, ce résultat est aussi bien obtenu avec l'acte sous seings privés en double qu'avec l'acte notarié.

L'article 1097, au contraire, est, de l'aveu de tous les interprètes, le corollaire de l'article 1096 qui dispose que « toutes « donations faites entre époux pendant le mariage, quoique « qualifiées entre-vifs, seront toujours révocables. »

En effet, la faculté pour les époux de se consentir par un seul et même acte des donations réciproques, eût été difficilement compatible avec le droit pour chacun d'eux de les révoquer *ad nutum.* Sans doute, en droit pur, l'intention libérale est à chacune des donations réciproques une cause suffisante pour en assurer l'existence, même lorsque l'autre donation est révoquée. Il n'y a pas entre ces deux donations un rapport de cause à effet, mais il est difficile de soutenir que l'une n'est pas au moins l'un des motifs de l'autre. Quelle part devait-on donner à ce motif, et, par suite, dans quelle mesure accorder à chaque époux le droit de révocation? La question était embarrassante.

De plus, il est évident que chaque époux aurait hésité à prendre l'initiative de cet acte d'hostilité, dans la crainte de perdre le bénéfice de la libéralité réciproque. En fait, son droit de révocation eût été gravement altéré. Les rédacteurs du Code ont échappé à ces difficultés, en prohibant purement et simplement les donations réciproques pendant le mariage.

Les raisons qui ont dicté cette mesure diffèrent essentiellement de celles qui ont imposé la forme notariée à certains contrats. Il ne s'agit plus ici d'assurer la libre manifestation d'une volonté, mais bien le libre exercice d'un droit. L'une est une règle de forme et l'autre une règle de fond. Par suite, l'article 1973 ne déroge pas à l'article 1097, qui reste applicable à notre espèce et si l'on veut assurer validité au contrat de réversion de rente viagère entre époux, il faut répudier toute idée de donation réciproque (1).

Dans tous les arrêts rapportés, il s'agit de la clause d'un partage anticipé fait par le père et la mère entre leurs enfants, par laquelle les donateurs se réservent tous les deux et au survi-

---

(1) Voir en ce sens : Avis du Conseil d'État des 15-17 août 1886 ; arrêt d'Amiens, 10 novembre 1853 (*Journal du Palais*, 1854, t. 1, p. 53) ; Cass., 26 mars 1855 (S. 1855. 1. 355) ; Agen, 24 novembre 1860, sous Cass. (S. 1863. 1. 394) ; Cass. civ., 19 janvier 1881 (P. 1881, p. 243).

vant d'eux, l'usufruit des biens compris dans le partage, et toutes ces décisions déclarent cette clause nulle comme renfermant
une donation mutuelle entre époux par un seul et même acte.
Les raisons de décider sont les mêmes pour les réversions de
rentes viagères qui renferment des dons mutuels.

Une fois admise la nullité de la clause de réversibilité, on
s'est demandé si cette clause doit être simplement réputée non
écrite ou entraîner la nullité du partage lui-même. La Cour de
cassation la déclare simplement non écrite; en effet, dit la Cour,
c'est une clause insérée dans une donation : or, les conditions
illégales insérées dans une donation sont réputées non écrites
(art. 900, C. civ.).[1].

L'un des auteurs cités en note fait les considérations suivantes : « Si l'on se borne à effacer la clause de réversibilité au
« profit du conjoint survivant, il arrivera, si, suivant ce qui se
« pratique le plus habituellement (le partage conjonctif n'a pas
« d'autre but), les biens paternels et maternels ne sont pas éga-
« lement répartis dans tous les lots, il arrivera nécessairement
« qu'au décès du premier mourant des deux donateurs, l'égalité
« du partage sera complètement détruite. A ce moment, en ef-
« fet, les lots composés de biens provenant du chef du prédé-
« cédé se trouveront affranchis de toutes charges, tandis que
« l'usufruit réservé continuera de grever ceux composés de
« biens ayant appartenu au survivant. La clause de réversibilité
« devra donc toujours, hors le cas bien exceptionnel où les
« biens provenant du père et de la mère ont été répartis éga-
« lement dans chaque lot, être considérée comme une condition
« essentielle de l'égalité du partage. » Ces considérations doi-

---

[1] Mais voy., dans le sens de la nullité du partage, Amiens, 10 novembre 1853 (P. 1854. 1. 53). V. aussi MM. Réguier, *Part. d'ascendant*, n° 137;
Bonnet, *Part. d'ascendant*, 1, n° 401.

vent être généralisées, et toutes les fois que l'annulation de la clause de réversibilité d'usufruit ou de rente viagère affecte l'économie du contrat principal, ce dernier ne doit pas lui survivre.

Une autre question se présente : jusqu'à quel moment peut-on invoquer la nullité de la clause de réversibilité qui contient un don mutuel? Cette question dépend étroitement de la précédente. Si la clause est réputée non écrite, comme le veut la Cour de cassation, il est évident que, tout intérêt à la nullité ayant disparu après la mort des deux crédi-rentiers ou des deux usufruitiers, l'action s'évanouit aussi. Si, au contraire, on admet que la clause entraîne la nullité de l'acte tout entier, il faut déclarer l'action en nullité recevable même après le décès des deux époux.

La clause de réversion de rente, entre deux époux, peut être analysée de différentes manières :

I. *Elle peut constituer une libéralité unique par l'un des époux à l'autre.*

Il en est ici de même que dans le cas où les deux crédi-rentiers sont entièrement étrangers l'un à l'autre.

Si les biens appartiennent à l'un seul des époux; ou bien même, si les parts de biens mis par chacun d'eux dans l'indivision sont inégales, si les chances de survie sont inégales et que les deux inégalités s'additionnent du même côté, il est évident qu'il existe une seule libéralité par l'un des époux envers l'autre, qui est en dehors de l'article 1097, mais qui est révocable, réductible et soumise aux nullités de l'article 1970.

Il ne peut y avoir doute que dans l'hypothèse où les immeubles aliénés sont propres au mari, mais grevés de l'hypothèque légale de la femme. Dans ce cas, l'intervention de la femme au contrat importe renonciation implicite à son droit d'hypothèque, et la portion de rente viagère qu'elle est appelée à recueillir peut être considérée comme le prix de son désistement. Ainsi a jugé le tribunal de Brignolles, le 28 août 1879, dans une instance engagée entre l'Administration de l'Enregistrement et un contribuable. Toutefois, si cette renonciation n'a porté aucun préjudice à la femme; si, par exemple, elle n'a pas de reprises à exercer ou que les autres biens grevés de son hypothèque légale suffisent largement à la désintéresser; l'idée de libéralité se dégage de nouveau (1).

II. *Elle peut constituer un contrat aléatoire entre les deux époux.*

Nous avons vu tout à l'heure une jurisprudence presque constante annuler les clauses de réversion d'usufruit accessoires aux partages anticipés. Et il faut avouer que ces espèces sont éminemment favorables à l'idée de libéralités réciproques : alliance très étroite entre les deux stipulants; contrat principal à titre gratuit, gain à réaliser lors du décès de chacun d'eux; tous ces caractères de la donation mutuelle, nous les trouvons dans ces hypothèses. Nous verrons pourtant tout à l'heure qu'il serait imprudent de généraliser cette jurisprudence, et d'annuler toutes les réversions d'usufruit, même accessoires aux partages anticipés.

A fortiori, nous ne devons pas l'étendre à des espèces voisines, mais non identiques. Or, les réversions de rentes viagères diffèrent des réversions d'usufruit.

Une réversion d'usufruit ne peut, que difficilement, être considérée comme un pacte aléatoire entre les deux époux, parce

____

(1) Voir, dans ce sens, un jugement du tribunal du Hâvre du 31 janvier 1867, également rendu à propos de contestations fiscales.

que le pacte aléatoire implique de chacune des parties un sacrifice immédiat, pour obtenir un bénéfice futur et éventuel.

Or, dans la réversion d'usufruit, nous trouvons bien, pour chaque partie, le bénéfice éventuel : l'espoir de recueillir, en cas de survie, un droit d'usufruit sur les biens de l'autre partie.

Mais, qu'offre-t-elle en échange? Un autre droit d'usufruit conditionnel qui, à tout événement, ne dépouillera jamais que ses héritiers. Chaque époux a conservé de son droit de propriété, d'abord, un droit d'usufruit sur sa tête, ensuite, un droit d'usufruit conditionnel qui, en raison même de cette condition, ne peut naître qu'au jour de son décès, et qui a été attribué par la clause de réversion au conjoint survivant; si nous supposons que, par suite d'une rétrocession ou d'une résolution de la donation principale, le droit de nue propriété fasse retour au donateur, il est clair que l'usufruit conditionnel attribué au survivant des époux grèvera uniquement l'hérédité du donateur : ce sont ses successeurs qui en supporteront le fardeau. En ce sens, il est permis de dire que chaque époux ne consent pas un sacrifice immédiat et personnel.

Tout autre est la réversion de rente viagère. Ici encore nous trouvons le bénéfice éventuel : l'expectative pour chaque époux de jouir seul de la rente viagère; mais, quelle est la contre partie? Ce sont des valeurs qu'il fournit d'ores et déjà. De quoi s'est-il appauvri? De la différence entre la rente viagère qu'il aurait pu obtenir avec le capital engagé, en traitant seul, et de celle qu'il a obtenue avec la participation de son conjoint. Cette différence nous savons comment il faut l'établir et, si elle est égale de part et d'autre, le pacte peut être aléatoire et à titre onéreux pour les deux conjoints.

Ces distinctions entre la réversion de rente viagère et la réversion d'usufruit sont atténuées lorsque le contrat principal est à titre gratuit. Dans ce cas, nous l'avons vu, la nature du

contrat principal influe sur le contrat accessoire. Les réversions de rente viagère ou d'usufruit constituent presque toujours, soit des libéralités uniques par l'un des époux à l'autre,
soit des libéralités réciproques; quelquefois même, nous le verrons plus loin, elles ne créent aucun rapport de droit entre les
deux donateurs : chacun d'eux tirant le bénéfice de la réversion
du contrat principal avec le donataire.

Mais ces différences sont très sensibles lorsque la réversion
est accessoire à un contrat à titre onéreux.

S'agit-il de réversion de rente viagère? On décide généralement que le pacte est aléatoire pour les deux crédi-rentiers.

« Attendu, dit un arrêt du 26 janvier 1870, que, dans le cas
« où, comme dans l'espèce, deux copropriétaires vendent à un
« tiers une chose indivise entre eux par parties égales, moyen-
« nant une rente viagère payable, pendant leur vie, moitié à
« l'un et moitié à l'autre, et après la mort du prémourant des
« vendeurs, au survivant d'eux en totalité, la rente ainsi déter-
« minée quant à sa quotité et à son doublement éventuel, ne fait
« que représenter le prix que chacun des vendeurs, également
« intéressé et partie au contrat, a personnellement et dans son
« propre intérêt, stipulé pour l'aliénation de la chose. » Ces
considérations s'appliquent aussi bien dans le cas où l'aliénation
est faite par deux époux (1).

S'agit-il, au contraire, d'usufruit réversible? On décide généralement qu'il y a don mutuel.

« Attendu, a dit le tribunal de Cherbourg le 26 août 1884, que
« par acte devant Mᵉ G., le 25 octobre 1880, les demoiselles

----

(1) Voir, dans le même sens, Jugement du tribunal d'Yvetot du 18 août
1863 (17985. J. N.), des tribunaux d'Angers du 6 août 1867, et de Saint-
Omer du 12 juin 1868. — En sens contraire, Tribunaux de Lyon du 9
avril 1865 (P. 65, 1284) et de Boulogne du 30 août 1867.
Toutes ces décisions ont trait à des contestations fiscales.

« Sophie, Françoise, et le sieur Jean Alexandre, frère et sœurs,
« ont vendu à un sieur Hurel des immeubles qu'ils possédaient
« indivisément; qu'entre autres conditions, il fut stipulé que les
« vendeurs se réservaient l'usufruit des immeubles cédés pen-
« dant leur vie et celle du dernier survivant, » et le tribunal
a décidé qu'il y a pour chacun des consorts Alexandre, donation éventuelle en usufruit, soumise à l'événement du prédécès
des autres copropriétaires et par suite assujettie au droit de
mutation par décès.

III. — *Elle ne crée aucun rapport de droit entre les deux
épouu.*

1° Dans des hypothèses que nous avons déjà examinées :
La réversion de rente est accessoire à une donation, et le
bénéfice que chacun des époux retirera de la stipulation, même
en admettant à son profit la réalisation de la condition de prédécès, est certainement inférieur à la valeur des biens donnés
par lui. Il est évident qu'il n'y a entre les deux époux ni contrat
à titre gratuit, ni contrat aléatoire. Pour chacun d'eux, c'est
une donation avec charges. Il en est de même lorsque chaque
époux ne s'est réservé que l'usufruit des biens qu'il a donnés.
*2° Dans des hypothèses plus spéciales aux aliénations con-
senties par deux époux.*
Le mari a 90,000 francs, la femme 10,000 francs de biens à
elle propres. Ils font masse et partagent ces 100,000 francs
entre leurs enfants communs, à charge par eux de leur servir
une pension viagère de 3,000 francs réversible en entier sur la
tête du survivant. Ce contrat réalise pour la femme une spéculation excellente. Elle reçoit plus qu'elle ne donne et, par suite,
à première apparence, elle paraît être donataire du mari. Toutefois, il peut se faire que la mère donatrice n'ait d'autres biens
que ceux qu'elle a donnés à ses enfants. Ceux-ci, étant tenus

envers elle à l'obligation alimentaire, auraient dû, au lendemain
du partage anticipé, lui assurer une pension qui, en cas de contestation, aurait été arbitrée par le juge, aussi pour éviter toutes
difficultés, les parties en fixent d'ores et déjà le *quantum*. Il est
vrai qu'en définitive, dans l'espèce que nous proposons, c'est le
mari qui supporte les frais d'une rente viagère, dont ses enfants
étaient tenus. Il en résulte simplement que l'objet de la donation
du père se compose de deux éléments : 1° les biens qu'il abandonne; 2° la rente viagère qu'il constitue à son épouse, pour le
compte de ses enfants. Mais celle-ci, ne recevant que ce qui lui
est dû, ne tient rien de la libéralité de son mari.

Ces considérations sont développées par M. Paul Dupré, dans
un remarquable rapport, sur la question des réversibilités d'u-
sufruit et de rente viagère dans les partages anticipés, présenté
au nom de la section de législation, et sur les conclusions duquel
a été rendu l'avis du Conseil d'État, des 15-17 avril 1886, que
nous avons déjà eu l'occasion de citer.

Dans ses conclusions, le rapporteur s'attache à établir que la
clause de réversibilité d'usufruit qui affecte l'ensemble des biens
donnés, que la rente viagère réversible, dont le taux serait supérieur à ce que les deux époux pourraient obtenir l'un et l'autre
de leurs biens de la part d'étrangers, doivent être annulées
comme contenant des dons mutuels par un seul et même acte,
prohibés entre époux, aux termes de l'article 1097 du Code
civil.

Puis il ajoute :

« Que si les choses se sont passées avec justice, paternelle-
« ment; si les époux ne se sont réservé, même réversible, que
« l'usufruit ou la rente calculée sur leurs besoins mêmes, lais-
« sant à leurs enfants toute la part de jouissance compatible
« avec ces besoins, il ne restera plus, entre époux, que les
« apparences d'une libéralité.

« Or, la première condition pour appliquer, aux avantages
« indirects que les époux peuvent se faire, les règles du titre
« des Donations, c'est que l'avantage existe en réalité. La règle
« de l'article 1099 a un revers. Elle atteint les avantages indi-
« rects même déguisés sous la forme d'un contrat onéreux. Le
« revers est que, même sous les apparences d'une libéralité, la
« loi perd ses droits quand l'avantage n'existe pas.

SECTION PREMIÈRE.

LE PRIX DE LA RENTE VIAGÈRE RÉVERSIBLE A ÉTÉ FOURNI PAR UNE COMMUNAUTÉ CONJUGALE.

Jusqu'à présent, nous avons supposé que les époux étaient
séparés de biens. Nous allons admettre maintenant que les époux
sont mariés sous un régime de communauté légale ou conventionnelle et que le prix de la rente viagère constituée sur leurs
deux têtes a été fourni par le patrimoine commun. A qui appartient le bénéfice du contrat ?

Sur cette question quatre systèmes :

Premier système. — *Le pacte est aléatoire entre les deux
époux. La rente viagère appartient entièrement au survivant
à l'exclusion des héritiers du prédécédé.*

Ce système a été formulé par M. Troplong [1]. Cet auteur soutient que l'époux survivant est seul créancier de la rente, dans
la mesure où elle subsiste, sans devoir de récompense à la communauté. Peu importe qu'en ce cas, il s'agisse d'un conquêt de
communauté, car la communauté n'a acquis cette rente qu'à la

____

[1] *Contrat de mariage,* t. 2, n. 1200.

condition expresse de ne pas en partager les arrérages, et la loi du contrat doit être respectée.

D'ailleurs, ajoute-t-on, il n'est pas exact de dire que l'un des époux s'enrichit abusivement aux dépens de la communauté ; car il y a égalité de chances pour chacun d'eux.

Une pareille constitution présente tous les caractères des contrats aléatoires et doit être régie par les principes qui leur sont particuliers (1). Ce système a été celui de la Cour de cassation, tant que M. Troplong en a été le premier président (2); mais, depuis lors, elle a entièrement abandonné cette doctrine (3).

Deuxième système. — *La rente acquise des deniers communs est un conquêt de communauté, mais les époux en ont assuré le bénéfice exclusif au survivant d'eux par un don mutuel.*

Ce système paraît prévaloir à l'École de Paris (4).

Après avoir établi que l'idée de libéralités réciproques est la seule qui puisse donner entière satisfaction aux intentions des deux époux, M. Labbé apprécie ainsi l'étendue de ces libéralités : « Elle ne peut être déterminée qu'après coup. Si le mari « survit et que les héritiers de la femme acceptent la commu- « nauté, le mari reçoit, à titre de libéralité, moitié de la rente; « si les héritiers renoncent à la communauté, leur renonciation « fait disparaître toute donation. Si la femme survit et qu'elle

(1) V. en outre Casaregis, *Discours 96*, n° 4, et Duranton, n° 136.

(2) Voir en ce sens un arrêt du 15 mai 1844, S. 1844. 1. 409.

(3) Ce système a été reproduit dans un arrêt de la Cour de Besançon, 23 mai 1871 (P. 1874. 1287). Voir dans le même sens : Zachariæ, Massé et Verger, t. 5, § 747, texte et note 7, p. 26; Verdier, *Revue pratique*, 1876, t. 41, p. 5 à 63; Bouniceau Gesmon, *Revue pratique*, 1866, t. 21, n°s 290 et suivants.

(4) Voir en ce sens une note de M. Labbé, sous un arrêt de la Cour de Paris du 19 février 1864 (*Journal du Palais*, 1865, page 87). Voir également dans le même sens une note de notre éminent professeur, M. Lyon-Caen, sous un arrêt de la Cour de Douai du 31 janvier 1876, *Palais*, 1877, page 209.

« accepte la communauté, elle est donataire de la moitié de la
« rente. Cette donation, quand donation il y a, s'exécutera dans
« les limites du disponible de l'époux prédécédé; elle est révo-
« cable *ad nutum* comme toutes les donations entre époux; elle
« serait révoquée de plein droit au détriment de l'époux contre
« lequel la séparation de corps serait prononcée. »

Troisième système. — *On admet encore que la rente acquise
des deniers communs est un conquêt de communauté, mais, on
ajoute que, par suite de la volonté des époux, manifestée par
la clause de réversibilité, cette rente passe dans le patrimoine
propre au survivant. Celui-ci réalise, dès lors, un avantage
au détriment de la communauté, dont il lui doit récompense,
en vertu de l'article 1437 du Code civil.*

C'est le système de la jurisprudence. Il a été consacré en
matière civile par une longue série d'arrêts (1).

Quatrième système qui est le nôtre. — *Que la rente soit créée
uniquement sur la tête des deux époux, ou qu'elle soit décla-
rée réversible sur la tête du survivant, dans tous les cas, elle
constitue un conquêt de communauté. La portion de rente qui
survit à la dissolution de cette communauté doit être partagée,
comme tous les autres biens communs, entre le survivant et les
héritiers du prédécédé.*

Le deuxième système a des conséquences très acceptables,
mais il se heurte à l'article 1097 du Code civil, et cette objection est pour nous invincible. D'ailleurs, si les époux ont des
intentions libérales bien sérieuses, il leur sera loisible de tour-

(1) Rennes, 16 juin 1841, D. 42. 2. 103; — Orléans, 28 décembre 1843,
P. 44. 2. 98; — Cass., 29 avril 1851, S. 51. 1. 529; — Dijon, 8 décembre
1853, 15. 151, J. N.; — Paris, 19 février 1864, S. 65. 1. 4; — Paris, 14
février 1867; — Cass., 16 décembre 1867, S. 68. 1. 118; — Bordeaux,
21 décembre 1867; — Poitiers, 1er août 1872, 20464, J. N.

En matière fiscale, nous pourrions encore citer un plus grand nombre
de décisions des tribunaux de première instance.

ner la difficulté, en réitérant leurs donations dans des actes distincts.

Les premier et troisième systèmes reposent tous les deux sur cette idée que les époux peuvent, durant le mariage, se constituer des propres au moyen des biens communs, par une sorte de partage anticipé de ces valeurs communes. Le premier système a tiré de ce principe toutes les conséquences. Le système de la jurisprudence, au contraire, est allé chercher un tempérament dans l'article 1437 du Code civil; il hésite sur les conclusions. L'un et l'autre doivent être écartés, car leur point de départ est faux.

En effet, en dehors de la déclaration d'emploi ou de remploi *in futurum*, toute convention par laquelle des époux, pendant le mariage, transforment en propre un bien commun porte atteinte à l'immutabilité des conventions matrimoniales. Cette nullité, bien qu'elle ne soit pas formellement prononcée par l'article 1395 du Code civil, n'en est pas moins absolue.

Toullier l'a contesté, en s'appuyant sur ce que la sanction du principe écrit dans l'article 1395 était autrefois dans la règle qui prohibait les avantages entre époux, pendant le mariage.

Or, comme ces donations sont aujourd'hui autorisées par l'article 1096, sous la condition qu'elles seront essentiellement révocables, la clause de réversion elle aussi, dit-il, est seulement révocable.

Cette manière d'interpréter l'article 1395 n'est pas entièrement exacte et les conséquences, que Toullier en a fait découler, sont certainement fausses.

En effet, la prohibition de l'article 1395 existait dans quelques coutumes : la charte du Hainaut par exemple, où l'on permettait les donations entre époux pendant le mariage et où il était écrit néanmoins qu'après le mariage « le traité et devise « d'icelui ne se pouvaient changer, altérer, ni augmenter. »

C'est, qu'en dehors de la prohibition des donations entre époux, le principe d'immutabilité des conventions matrimoniales avait en outre sa base dans l'indissolubilité du mariage lui-même, devant la loi canonique. Aujourd'hui que le divorce est rétabli, il faut aller chercher ailleurs le fondement de l'article 1395 : dans le crédit des époux, dans la nécessité d'entourer le contrat pécuniaire du mariage de toute la publicité possible. L'intérêt public est en jeu, et cela suffit pour conduire à la nullité absolue, sans confirmation possible.

Or, les conventions matrimoniales, comprennent non seulement les stipulations insérées dans l'acte, mais encore toutes les dispositions écrites par le législateur au titre du contrat de mariage; les premières sont les conventions expresses, les secondes, les conventions tacites; les unes et les autres tombent sous le coup de l'article 1395, qui a pour sanction une nullité absolue et d'ordre public. Ces considérations suffisent pour détruire les deux systèmes que nous combattons. Nous avons en outre d'autres raisons pour rejeter spécialement le système de la jurisprudence.

Les régimes en communauté mettent en présence trois patrimoines : les patrimoines propres à chacun des deux époux et le patrimoine commun; aucun de ces patrimoines ne doit s'enrichir aux dépens de l'autre. Pour éviter cet enrichissement, que fallait-il faire? Ou bien les époux ont constitué à leur profit personnel des créances, dont le prix a été fourni par la communauté; leur patrimoine propre s'enrichit au détriment de la masse commune, et l'article 1401, malgré les énonciations du titre, attribue de plein droit cette créance à la communauté.

Ou bien les époux ont aliéné des biens propres dont le prix a été versé dans la communauté. Ici, c'est la masse commune, qui s'enrichit au détriment des patrimoines propres à chacun des époux. Mais l'objet de cet enrichissement est aujourd'hui confondu dans les deniers communs, il est méconnaissable et, par suite, il est impossible, pour rétablir l'égalité, d'employer le moyen radical de l'article 1401, en attribuant un droit de propriété à l'époux lésé. Ce dernier devra se contenter d'un droit de créance, et c'est ainsi que dispose l'article 1433 du Code civil. Il est inutile de faire remarquer que ce moyen est plus imparfait que celui de l'article 1401, car le patrimoine débiteur peut être insolvable. Toutes les fois donc qu'il est possible d'attribuer à la communauté, à l'époux injustement dépouillés, un *jus ad rem*, on doit laisser de côté le *jus ad personam*, qui atteint moins sûrement le but poursuivi par les rédacteurs du Code.

Ce système a été défendu par M. Laurent, en ces termes [1] : « Il est vrai que les époux doivent récompense à la communauté « du profit personnel qu'ils en retirent. Mais cela suppose que « ce profit est légitime. Or, c'est précisément là la difficulté. « Est-il permis de stipuler qu'un bien de communauté sera pro- « pre à l'un des époux? Non; donc le système croule par sa « base. Il faut même ajouter, qu'il ne donne pas même satisfac- « tion à la volonté des parties contractantes, qui, on le suppose, « ont voulu attribuer entièrement la rente au survivant. En « effet, celui-ci prend la moitié de la rente comme époux com- « mun en biens, et il prend l'autre moitié en vertu de la stipu- « lation de réversibilité; mais, à quoi lui profitera cette clause? « A rien, puisqu'il doit rendre, à titre d'indemnité, aux héritiers « de son conjoint, la moitié des arrérages de chaque année à « compter du décès. »

M. Labbé [2], tout en se ralliant au deuxième système, qui admet les libéralités réciproques entre époux, apprécie ainsi

(1) T. 15, p. 323.
(2) Note sous un arrêt de Paris du 19 février 1864, déjà citée.

le système de la jurisprudence : « S'il fallait opter entre l'opi-
« nion qui conserve à l'époux survivant la rente, à charge de
« récompense, et celle qui maintient la rente elle-même dans
« l'actif de communauté, nous n'hésiterions pas à donner la
« préférence à cette dernière. Avant d'agiter la question de
« récompense, il faudrait d'abord qu'il fût démontré qu'un
« époux a pu se rendre propre une valeur sortie de la commu-
« nauté; or, cela est impossible dans l'hypothèse. En dehors
« des cas exceptés par la loi, toute acquisition faite durant la
« communauté profite à cette masse, et surtout ce qui provient
« par aliénation et conversion d'une valeur commune. Ce prin-
« cipe s'applique indépendamment de la rédaction des actes;
« les époux déclarent en vain que la propriété, ou la créance
« acquise, sera propre à l'un d'eux; ces déclarations pourront
« avoir quelque effet à l'égard des tiers, déterminer entre les
« mains de qui les arrérages seront payés, mais la composition
« active de la communauté ne saurait en être modifiée. Ce n'est
« pas une récompense que la communauté exigera, c'est le bé-
« néfice intégral de l'opération faite avec des valeurs sorties de
« son sein. »

Cette opinion a pour elle la logique et la tradition. Dans l'ancien droit, on tenait pour certain, qu'en cas d'acceptation de la
communauté, la rente réversible continuait pour moitié seulement au profit du survivant et que l'autre moitié passait aux
héritiers du prédécédé (1).

Et l'on se fondait notamment à cet égard sur ce que, la rente
étant un conquêt de communauté, l'époux survivant s'enrichi-
rait à ses dépens, s'il avait la totalité de la rente (2).

(1) Pothier, *Constit. de rente*, n° 242; Bourjon, *Dr. comm.*, liv. 2, tit. 8,
sect. 4, n°ˢ 17 et suiv.

(2) V. Lebrun, *Traité des successions*, p. 104.

Les tribunaux ne semblent pas suffisamment se rendre compte de la portée de la question. Dans certains jugements, les considérants sont pour nous et le dispositif nous condamne. Ainsi, dans un jugement du tribunal de Beaugé, du 2 décembre 1873 :

« Attendu que la rente viagère créée au cours d'une commu-
« nauté est un *bien de communauté*, soit qu'elle repose sur la
« tête de l'un des époux, soit qu'elle repose sur la tête des
« deux, avec ou sans réduction au décès du prémourant; que,
« dans ce dernier cas, l'époux survivant *doit récompense à la*
« *communauté* de la valeur de la totalité de la rente viagère,
« que c'est un bénéfice personnel qu'il retire de l'emploi des
« deniers communs. »

Et pourtant, dans ce débat entre l'Administration de l'Enregistrement et un contribuable, il n'était pas indifférent de prendre parti pour l'un ou l'autre système.

En effet, aux termes de l'article 14, § 9, de la loi du 22 frimaire an VII, les valeurs sur lesquelles le droit proportionnel est assis sont déterminées : « pour les rentes et pensions créées
« sans expression de capital, leurs transports et amortisse-
« ments, à raison d'un capital formé de vingt fois la rente per-
« pétuelle, et de dix fois la rente viagère ou la pension, et quel
« que soit le prix stipulé pour le transport ou l'amortissement. »
En dehors des cas prévus par la loi, l'article 16 dispose que, si les sommes et valeurs ne sont pas déterminées dans un acte, les parties seront tenues d'y suppléer par une déclaration estimative.

Si donc il s'agit d'une rente viagère ou d'une part de rente viagère transmise, l'article 14, § 9, est applicable; si, au contraire, il s'agit d'une récompense à ajouter au patrimoine commun, ce sont les parties elles-mêmes qui en détermineront la valeur, conformément à l'article 16; et leur estimation sera

presque toujours inférieure au produit de la capitalisation par
10.

L'administration a bien aperçu la difficulté. Tant que la jurisprudence civile a été indécise sur la question, nous la voyons décider que la valeur de la rente réversible, au jour du premier décès, sera déterminée par une capitalisation au denier dix [1].

Lorsque la jurisprudence est devenue presque unanime, elle prescrit à ses agents de prendre pour base la déclaration estimative des parties, dont l'exactitude sera vérifiée au moyen des tarifs des compagnies d'assurances [2].

Un arrêt récent de la Cour de Paris [3], rompant avec l'ancienne jurisprudence, adopte entièrement notre système.

Les époux Debacker s'étaient mariés sous le régime de la communauté d'acquêts, avec stipulation que la part du prédécédé dans cette communauté appartiendrait, en usufruit, au survivant à titre de convention de mariage. Pendant l'existence de leur communauté, les époux avaient acquis de diverses compagnies d'assurances sur la vie des rentes viagères réversibles, à concurrence de 14,500 francs, sur la tête du survivant. Après le décès du mari des contestations s'élevèrent, lors de la liquidation de la communauté, entre les héritiers du prédécédé et la veuve, et le tribunal de la Seine décida, le 18 juillet 1884, que Mme Debacker devait à la communauté une récompense de 167,000 francs, qui lui était attribuée : moitié en toute propriété ; l'autre moitié en usufruit seulement ; de telle sorte que sa succession était constituée débitrice envers les héritiers de son mari de la somme de 83,500 francs.

Sur appel, la Cour de Paris décida que la rente viagère devait

(1) Solution du 14 août 1879.
(2) Solution du 6 août 1881.
(3) 12 décembre 1885 (rapporté dans le *Journal des Notaires*, art. 22, §
88).

être attribuée, en nature, à la veuve : moitié comme commune
en biens; moitié, comme usufruitière, par convention de mariage. Dans l'espèce, ce droit d'usufruit équivalait à un droit de
propriété, puisque la rente viagère devait s'éteindre au décès
de l'usufruitière; et, par suite, sa succession n'avait aucun
compte à rendre à celle de son mari.

Dans les considérants de cet arrêt, nous lisons que : « la
« *clause de réversibilité totale ou partielle* d'une rente, appar-
« tenant à la communauté, sur la tête de l'époux survivant,
« confère, il est vrai, à celui-ci, le droit de réclamer au débi-
« rentier le paiement des arrérages, conformément au titre cons-
« titutif; mais que, en aucun cas, elle n'est opposable à cette
« communauté, dont les biens, aux termes de l'article 1474
« du Code civil, d'accord avec les conventions matrimoniales,
« ne sauraient échapper à la nécessité d'un partage. »

Nous souhaitons vivement que la jurisprudence persiste dans
cette manière de voir, qui est celle de l'ancien droit, et qui,
seule, peut donner entière satisfaction à tous les textes du Code
civil.

Exceptions. — Jusqu'à présent, nous avons supposé que
les deux époux étaient intervenus à l'aliénation des biens communs. Si, au contraire, le mari seul a traité et si la rente
viagère est constituée uniquement sur la tête de la femme.
L'intention libérale du mari vis-à-vis de sa femme est manifeste
et, si cette dernière survit, elle devra être considérée comme
donataire de la moitié de la rente, dont elle va jouir seule après
la dissolution de la communauté (Analogie de ce qui est décidé
en matière d'assurance sur la vie) (1).

Si le mari a traité moyennant une rente viagère constituée.

(1) Voir arrêt de la Cour de Paris, du 26 novembre 1878, D. P. 1879.
2. 152, et un arrêt de la Cour d'Amiens du 25 février 1880.

sur sa tête et sur celle de sa femme. Ici l'intention libérale est plus douteuse. En effet, si le mari survit, la rente viagère fera partie de la communauté, car, il n'a pas pu s'assurer une libéralité à lui-même ; si c'est, au contraire, la femme qui survit, lui attribuerons-nous, à titre de donation, la portion de rente viagère réversible sur sa tête? Dans la plupart des cas, nous croyons que non. Cette inégalité entre les deux bénéficiaires, dans un contrat où le prix a été fourni par un patrimoine commun, nous paraît choquante. Nous estimons qu'il est plus sûr de décider que la portion de rente viagère, qui survit à la dissolution de la communauté, dépend encore de cette communauté. Nous réservons, bien entendu, le cas où le mari aurait formellement manifesté son intention de faire une donation à sa femme et nous ajoutons que cette intention pourra être validée.

Une autre exception tient aux dispositions d'une loi spéciale : la loi du 16 juin 1850, sur l'organisation de la caisse des retraites pour la vieillesse. Son article 4 décide que : « le verse-« ment opéré antérieurement au mariage reste propre à celui « qui l'a fait. — Le versement fait pendant le mariage par l'un « des deux conjoints profite séparément à chacun d'eux par « moitié. »

En vertu de cet article, la jurisprudence décide que, par dérogation aux règles ordinaires du statut matrimonial, le capital réservé, versé à cette caisse, par un époux, sous le régime de la communauté, n'a pas le caractère d'un bien de la communauté et appartient, séparément, par moitié, à chacun des conjoints [1].

---

(1) Voir en ce sens, un arrêt de la Cour de cassation du 25 juin 1888, cassant un jugement de Bar-le-Duc, du 3 décembre 1884, voir en sens contraire un jugement du tribunal de la Seine du 29 mars 1888.

SECTION DEUXIÈME.

LES ÉPOUX SONT MARIÉS SOUS UN RÉGIME EN COMMUNAUTÉ, ET LE PRIX DE LA RENTE VIAGÈRE A ÉTÉ FOURNI PAR LEURS PATRIMOINES PROPRES?

C'est la dernière question que nous examinerons. Le mari et la femme ont aliéné chacun des immeubles propres, moyennant une rente viagère réversible en entier sur la tête du survivant. Pendant toute la durée du mariage, la communauté va percevoir les arrérages de cette rente, et ces arrérages seront supérieurs aux revenus des biens propres aliénés qu'elle percevait avant le contrat. De ce chef, devra-t-elle une récompense à chacun des époux? Un arrêt de la Cour d'Angers, du 12 mai 1853 [1] répond par l'affirmative. M. Pont combat très vivement cette décision dans une note insérée sous l'arrêt.

Voici des considérations, qui nous paraissent justifier la doctrine de l'arrêt rapporté :

1° Le jugement, dont était appel, qui avait rendu une décision contraire, invoque l'article 212 de la coutume de Paris. Ce rapprochement est dangereux, car le principe de la récompense était reconnu par la presque généralité de ses commentateurs : dans l'ancien droit, on ne discutait que sur le *quantum* de la récompense. Or, l'ancien droit a une grande autorité dans cette matière qui est toute de tradition.

[1] *Journal du Palais*, 1854, tome 1er, p. 241.

M. D.

2° M. Pont s'attache à nous démontrer que les arrérages d'une rente viagère sont des fruits civils qui tombent dans la communauté, par application de l'article 1401.

Dans notre droit, la rente viagère est une sorte d'être moral distinct des arrérages. Dans certains textes du Code, les arrérages sont qualifiés d'intérêts du capital (art. 1909 et 1910), mais, en fait, il est certain que les arrérages contiennent une certaine portion du capital. Par suite, lorsqu'un des époux aliène un de ses immeubles propres moyennant une rente viagère, nous reconnaissons qu'il n'y a pas vente, mais échange d'un immeuble contre un droit mobilier. Or, sans doute l'article 1432 ne parle que de vente de propres, mais cet article ne statue que sur le *plerumque fit* et, tous les jours, on admet au profit des époux le droit à une reprise dans des hypothèses, où certainement il n'y a pas vente : échange d'immeubles propres avec soulte payée à l'un des époux; soulte de partage de nature immobilière. C'est que cet article 1432 a pour contre-partie l'article 1437 qui pose le principe que l'époux doit récompense, toutes les fois qu'il a tiré un profit personnel des biens de la communauté. — Il y a lieu à réciprocité. — C'est ainsi que Pothier formulait la règle et le Code est un reflet de sa doctrine. Donc, dans notre espèce, qu'il y ait vente ou échange, la communauté en percevant les arrérages de la rente a absorbé une partie du patrimoine propre à l'époux; elle s'est enrichie à ses dépens : elle lui doit récompense.

3° Les adversaires de cette doctrine nous font l'objection suivante : Si l'immeuble propre de l'époux qui est, par hypothèse, d'un revenu de 300 francs a été échangé par lui, moyennant un autre immeuble d'un revenu de 500 francs, il y aura donc lieu à récompense, puisque la communauté s'est enrichie aux dépens du patrimoine des époux? Certainement non.

Sans doute, la communauté s'est enrichie, mais l'époux ne

s'est pas appauvri et c'est une condition *sine quâ non* de la mise en jeu de la théorie des reprises et récompenses.

Cette théorie n'a pas pour but d'empêcher l'augmentation parallèle des trois patrimoines en présence dans le régime en communauté, mais uniquement d'empêcher le passage des capitaux de l'un dans l'autre.

4° Mais, dit-on, si le mariage dure 30 ou 40 ans, la récompense va tripler ou quadrupler la valeur de l'immeuble.

Nos adversaires oublient que la récompense n'est pas toujours égale au bénéfice réalisé, mais qu'elle est limitée par le préjudice subi. Or, quel est le bénéfice réalisé? C'est la différence existant entre la totalité des arrérages perçus par la communauté, depuis l'aliénation du propre jusqu'à la dissolution de la communauté, et la somme à laquelle se fussent élevés les revenus du propre dans le même espace de temps, si ce propre n'eût pas été aliéné. Voilà l'un des éléments de l'évaluation de la récompense.

Quel est le préjudice subi? C'est la valeur même du propre aliéné. Voilà le maximum de cette évaluation.

5° On dit encore : votre système est contraire à l'intention des parties; si l'époux a aliéné, à charge de rente viagère, c'est, sans doute, parce que ses revenus normaux ne lui suffisaient pas. Or, votre système l'oblige à mettre tous les ans de côté une quote-part de la rente viagère, sinon, il s'exposera à voir la communauté insuffisante.

Un pareil résultat tendrait à annihiler absolument l'opération des parties.

Ceci est évident, mais nous répondrons qu'il en est de même dans beaucoup de ventes, moyennant un prix ferme. La plupart du temps, les époux n'aliènent leurs biens propres que pour payer les dettes de communauté et non pour mettre le prix en réserve. Et, cependant, personne n'a songé dans ce cas à contester le principe de la reprise.

De ces considérations, il y a une conclusion à tirer : c'est que l'aliénation d'un propre à charge d'une rente viagère est une opération dangereuse pour la communauté, parce qu'elle la rend responsable de capitaux qui sont destinés à disparaître, comme des fruits civils, mais il n'y a rien à induire de là, pour accorder ou refuser à l'époux dépouillé le droit à une reprise.

POSITIONS.

DROIT ROMAIN.

POSITIONS PRISES DANS LA THÈSE.

I. L'*accipiens* qui reçoit la chose de mauvaise foi, sachant fort bien qu'elle ne lui est pas due, ne commet pas, par cela seul, un *furtum*.

II. La stipulation novatoire affectée d'une condition, n'éteint pas l'obligation primitive, lorsque la condition est défaillie. Toutefois, si elle est intervenue *inter easdem personas*, elle peut faire naître une exception.

III. En principe, celui qui a payé, par suite d'une erreur de droit, n'a pas la *condictio indebiti*.

POSITIONS PRISES HORS DE LA THÈSE.

I. Le pacte nu engendre une obligation naturelle.

II. Dans la tradition, la volonté d'aliéner et d'acquérir chez le *tradens* et l'*accipiens* est une cause suffisante du transfert de propriété, mais il faut, au moins, que les deux volontés soient d'accord sur le but de l'aliénation (*non obstat* L. 36, D. 41, 1).

III. Il suffit pour refuser la répétition au *solvens ex causa judicati*, qu'il ait cru lors du paiement à l'existence du jugement.

IV. La prescription extinctive des obligations ne laisse pas subsister d'obligation naturelle.

DROIT CIVIL.

I. Entre époux, la rente viagère, même stipulée réversible sur la tête du survivant, est un bien de communauté, lorsque le prix en a été fourni par la communauté.

III. Lorsque le prix de la rente viagère a été fourni par le patrimoine propre à l'un des époux, et que les arrérages ont été perçus par la communauté ; celle-ci doit récompense.

III. La règle de l'article 1097 du Code civil est une règle qui touche au fond du droit et non une règle de forme : par suite, les réversions de rentes viagères qui sont affranchies des règles de forme, en vertu de l'article 1973 du Code civil, n'en doivent pas moins être annulées, lorsqu'elles constituent des libéralités mutuelles entre époux.

I. Les donations, même les dons manuels, ne peuvent pas être acceptés par un gérant d'affaires.

II. L'héritier bénéficiaire a la faculté de purger les hypothèques qui grèvent, du chef du défunt, les immeubles de la succession, dont il s'est rendu adjudicataire.

III. Sous le régime de la communauté légale, l'acceptation du remploi par la femme, postérieure à l'acquisition de l'immeuble que le mari a opérée dans les termes de l'article 1435 du Code civil, n'est pas translative de propriété, et par suite n'est pas assujettie à la transcription, en vertu de l'article 1er, § 1er de la loi du 23 mars 1855.

IV. Le capital d'une assurance sur la vie dépend de la succession de l'assuré, qui a payé les primes, lorsque les bénéficiaires ne sont pas nettement déterminés, au jour de la conclusion du contrat : par exemple, lorsque l'assurance est contractée au profit des héritiers de l'assuré.

ENREGISTREMENT.

I. La cession d'une promesse unilatérale de vente d'immeubles, doit être assujettie au droit de vente immobilière de 5,50 p. 0/0.

II. Le droit d'accroissement, établi par la loi du 29 décembre 1884, article 9, s'applique, à la fois, aux congrégations religieuses autorisées et non autorisées.

III. En vertu du *consortium vitæ,* la femme est réputée intéressée dans tous les actes passés par son mari : par suite, aucun droit de cautionnement n'est exigible pour sa garantie solidaire.

DROIT INTERNATIONAL PRIVÉ.

I. La dévolution successorale des biens, appartenant à un étranger, doit être régie par sa loi nationale, sans distinguer entre les meubles et les immeubles.

Paris, 18 décembre 1891.

Vu par le Président de la thèse,

Ch. LYON-CAEN.

Vu par le Doyen,

COLMET DE SANTERRE.

Vu et permis d'imprimer :

Le Vice-Recteur de l'Académie de Paris,

GRÉARD.

LIBRAIRIE

DU RECUEIL GÉNÉRAL DES LOIS ET DES ARRÊTS

ET DU JOURNAL DU PALAIS

L. LAROSE & FORCEL, ÉDITEURS

22, RUE SOUFFLOT, PARIS

OUVRAGES DE DROIT

SCIENCES, ARTS, LITTÉRATURE, ETC.

NEUFS ET D'OCCASION

BAR-LE-DUC, IMPRIMERIE CONTANT-LAGUERRE.

DESACIDIFIE
A SABLE - 2006

www.ingramcontent.com/pod-product-compliance
Ingram Content Group UK Ltd.
Pitfield, Milton Keynes, MK11 3LW, UK
UKHW021925070726
13614UKWH00001B/247

9 782019 246495